フランス語を
ひとつひとつ
わかりやすく。

Gakken

この本を使うみなさんへ

　この本を手に取った方は，フランス語をはじめて学ぶ，大学の第2外国語で勉強している，または一度は挑戦して再び学び直そうとしている，そんな方が多いのではと思います。

　この本は，そのようなフランス語入門者や学び直そうとしている方に，今後の学習の土台となる基礎的な知識を身につけてもらうことを意図して作られました。フランス語に苦手意識を感じている人でもわかりやすいように，取り上げる文法範囲や情報は必要最低限にとどめ，図解やイラストを使いながら，ひとつひとつやさしい言葉で説明してあります。また，理解したことを次のページの問題ですぐに練習ができるので，基本のルールやフランス語の骨組みを無理なく確実に学習できます。あとはより自由に，自分ができるペースで，肉付けしていけばいいのです。

　また，フランス語を身につけるためには，実際の音を耳から聞くことが欠かせないと考え，付属のCDには本書の全ての図解・イラスト・練習問題・復習問題のフランス語の文や単語を収録しています。

　本書をきっかけに，より深くフランス語を楽しめるようになる人が少しでも増えてくれれば，これにまさる喜びはありません。この一冊が，楽しくフランス語とつきあっていくためのささやかな一助となれば幸いです。

　　　　　　　　　　　　　　　　　　　　　　　　　　　学研教育出版

もくじ

フランス語を読むときのルール ……………………… 006
いろいろなあいさつ …………………………………… 010

01　主語になる代名詞
　　　主語人称代名詞 ……………………………… 012

02　être の使い方 ①
　　　フランス語の「be 動詞」(主語が単数のとき) …… 014

03　être の使い方 ②
　　　フランス語の「be 動詞」(主語が複数のとき) …… 016

04　-er で終わる動詞 ①
　　　一般動詞 (主語が単数のとき) ………………… 018

05　-er で終わる動詞 ②
　　　一般動詞 (主語が複数のとき) ………………… 020

06　avoir の使い方
　　　have にあたる動詞 …………………………… 022

　　　復習テスト
　　　être, -er で終わる動詞, avoir の文 ……… 024

07　男性名詞と女性名詞
　　　名詞, 不定冠詞 (単数) ………………………… 026

08　名詞の複数形
　　　名詞, 不定冠詞 (複数) ………………………… 028

09　the や this にあたる語
　　　定冠詞, 指示形容詞 …………………………… 030

　　　復習テスト
　　　名詞, 冠詞, 指示形容詞 ……………………… 032

10　数えられない名詞
　　　部分冠詞 ……………………………………… 034

11　「私の」「彼の」など
　　　所有形容詞 …………………………………… 036

12　形容詞の使い方
　　　形容詞 ………………………………………… 038

　　　復習テスト
　　　部分冠詞, 所有形容詞, 形容詞 ……………… 040

13　否定文のつくり方 ①
　　　否定文 ① ……………………………………… 042

14　否定文のつくり方 ②
　　　否定文 ② ……………………………………… 044

15　疑問文のつくり方 ①
　　　疑問文 ① ……………………………………… 046

16　疑問文のつくり方 ②
　　　疑問文 ② ……………………………………… 048

　　　復習テスト
　　　否定文, 疑問文 ……………………………… 050

17　aller / venir の使い方
　　　go, come にあたる動詞 ……………………… 052

18　-ir で終わる動詞
　　　規則的に活用する -ir 動詞 …………………… 054

19　faire の使い方
　　　make や do にあたる動詞 …………………… 056

　　　復習テスト
　　　aller, venir, -ir で終わる動詞, faire の文 …… 058

20　「いつ?」とたずねる文
　　　疑問副詞 quand ……………………………… 060

21　「どこ?」とたずねる文
　　　疑問副詞 où …………………………………… 062

22　「なぜ?」とたずねる文
　　　疑問副詞 pourquoi …………………………… 064

23　「どのように?」とたずねる文
　　　疑問副詞 comment …………………………… 066

24　値段や数をたずねる文
　　　疑問副詞 combien …………………………… 068

　　　復習テスト
　　　いろいろな疑問副詞 ………………………… 070

25　「どの?」「どんな?」とたずねる文
　　　疑問形容詞 quel ……………………………… 072

26　「何歳?」とたずねる文
　　　疑問形容詞 quel âge ………………………… 074

27　「何時?」とたずねる文
　　　疑問形容詞 quelle heure …………………… 076

28　「何?」「だれ?」とたずねる文
　　　疑問代名詞 que と qui ……………………… 078

　　　復習テスト
　　　疑問形容詞 quel, 疑問代名詞 que と qui …… 080

29　前置詞の使い方
　　　前置詞 ………………………………………… 082

30　「〜しなさい」
　　　命令文 ① ……………………………………… 084

31　「〜しましょう」「〜しないで」
　　　命令文 ② Let's 〜 . と Don't 〜 . にあたる文 …… 086

　　　復習テスト
　　　前置詞, 命令文 ……………………………… 088

32	「君を」「それを」など
	目的語になる人称代名詞① ……… 090

33	「君に」「彼に」など
	目的語になる人称代名詞② ……… 092

34	moi, toi などの使い方
	代名詞の強勢形 ……………………… 094

	復習テスト
	目的語になる人称代名詞，代名詞の強勢形 …… 096

35	「〜したい」の vouloir
	want to 〜 にあたる動詞 …………… 098

36	「〜できる」の pouvoir
	can にあたる動詞 …………………… 100

37	「〜しなければならない」の devoir
	must にあたる動詞 ………………… 102

	復習テスト
	vouloir, pouvoir, devoir の文 …… 104

38	「〜するところ」「〜するつもり」
	近い未来を表す aller ……………… 106

39	「〜したところ」「〜したばかり」
	近い過去を表す venir de ………… 108

40	「〜よりも…」
	比較級 ……………………………… 110

41	「〜の中で最も…」
	最上級 ……………………………… 112

	復習テスト
	近い未来，近い過去，比較の文 …… 114

42	avoir でつくる複合過去
	複合過去① ………………………… 116

43	être でつくる複合過去
	複合過去② ………………………… 118

44	複合過去の否定文・疑問文
	複合過去③ ………………………… 120

	復習テスト
	複合過去 …………………………… 122

数の言い方・euro（ユーロ）をつけた読み方 ……… 124
月の言い方・曜日の言い方・季節の言い方・時の言い方・動詞活用表 …… 126
基本練習・復習テストの答え ……………………… 130

- 1回分の学習は1見開き（2ページ）です。毎日少しずつ学習を進めましょう。
  - ・左ページ … 解説のページです。
  - ・右ページ … 書き込み式の練習問題です。左ページで学習した内容を確認・定着します。
- 単元の区切りのところに「復習テスト」があります。
- 付属のCDには，解説ページのイラスト内のフランス語の文や単語，「基本練習」と「復習テスト」のすべてのフランス語の文の音声が収録されています。
  CDを使った「聞く・読む」練習は，フランス語の基礎力を伸ばす，非常に大切なトレーニングです。「基本練習」と「復習テスト」は，問題を解いて，答え合わせが終わったら，毎回必ずCDを聞くように心がけてください。

① 解説を読んだあとや答え合わせが終わったらCDを再生して，まずはよく聞きましょう。

② CDの音声に合わせて読めるようになることを目標に，音読の練習をしましょう。

★ CDの音声と同時に音読するのは，大変難しいことです。うまくできなくてもあまり気にせずに，できるだけそっくりまねして読めるように，何度もよく聞いて練習してみましょう。

★ CDのあとについて読む練習をしたいときは，CDプレーヤーの一時停止ボタンを活用してください。

★ フランス語の文または単語の多くに，カタカナで読み方を示してあります。カナ表記は，あくまで参考であり，正しい発音はCDを聞いて身につけるようにしてください。

フランス語を読むときのルール

　フランス語で使われる文字は alphabet（アルファベ）といい，英語と同じ26の文字があります。英語と同じように，それぞれには大文字と小文字がありますが，英語の読み方とはちがうので確認しましょう。

〈アルファベ〉

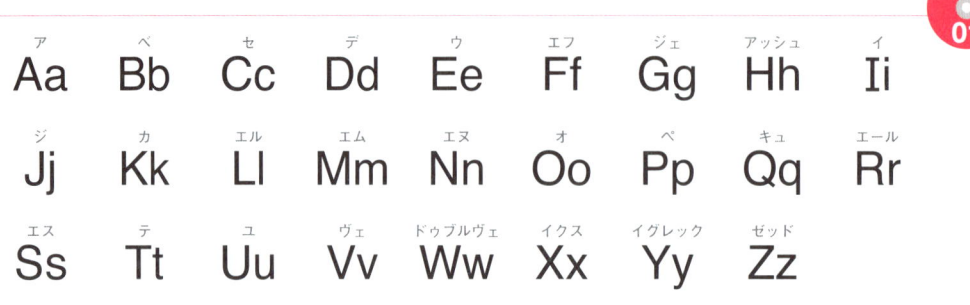

　大文字は，英語のように文の最初，人の名前・国名・地名の最初の文字に使います。ただし，月名・曜日名や「私は日本人です。」「私はフランス語を話します。」のときは小文字にします。

　アルファベに「つづり字記号」と呼ばれる記号がつくこともあります。

〈つづり字記号〉

´	アクサン・テギュ (accent aigu)	café（コーヒー）
`	アクサン・グラーヴ (accent grave)	à（〜へ）　frère（兄弟）　où（どこ）
^	アクサン・スィルコンフレックス (accent circonflexe)	gâteau（ケーキ）　tête（頭）　maître（主人） hôtel（ホテル）　coûter（値段が〜である）
¨	トレマ (tréma)	Noël（クリスマス）　maïs（とうもろこし）
¸	セディーユ (cédille)	garçon（少年）　français（フランスの）
-	トレ・デュニヨン (trait d'union)	après-midi（午後）
'	アポストロフ (apostrophe)	l'université（大学）

フランス語の音には，英語と同じように大きく分けて母音と子音があります。フランス語の母音として読むのは a, i, u, e, o, y の 6 つの文字（母音字）です。残りのアルファベは子音として読まれる文字（子音字）です。

　具体的なつづり字の発音を見ていく前に，フランス語の文字を読む上で注意したい 4 つの決まりごとを見てみましょう。

〈注意したい決まりごと〉

> 1) 単語の終わりの子音字は，基本的に発音しない。
>   例 étudiant（大学生）　japonais（日本の）　chat（ねこ）　deux（2）
>   　　エテュディヤン　　　ジャポネ　　　　シャ　　　ドゥー
>
> 2) 子音字 c, f, l, r は，単語の終わりでも発音することが多い。
>   例 sac（かばん）　neuf（9）　ciel（空）　mer（海）
>   　　サック　　　　ヌフ　　　シエル　　　メール
>
> 3) 子音字 h は，発音しない。
>   例 homme（人間，男性）　hôtel（ホテル）　Monsieur Henry（アンリー氏）
>   　　オム　　　　　　　　オテル　　　　ムッシュー　アンリ
>
> 4) 単語の終わりの母音字 e は，発音しない。
>   例 madame（女性）　date（日付）
>   　　マダム　　　　　ダット

　それでは，母音字が 1 文字の場合から順につづり字の発音を見ていきましょう。

〈単母音字〉　母音字が 1 文字の場合です。

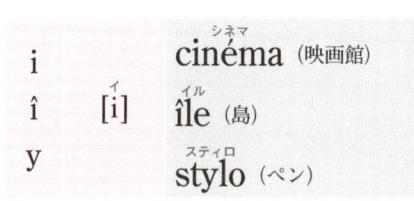

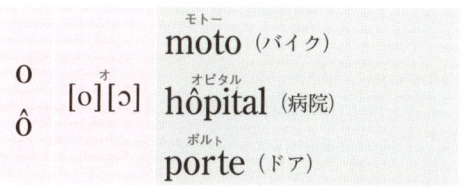

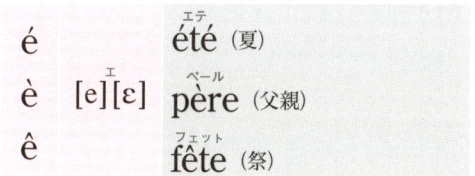

〈複母音字〉　母音字が2文字または3文字ある場合です。

ai		lait (牛乳) レ	au	[o]	chaud (暑い) ショー	
aî	[ɛ]	maître (主人) メートル	eau		beau (きれい) ボー	
ei		Seine (セーヌ川) セーヌ				
eu		euro (ユーロ) ユーロ	ou		soupe (スープ) スープ	
œu	[ø][œ]	fleur (花) フルール	où	[u]	où (どこ) ウ	
		sœur (姉，妹) スール	oû		goût (味) グー	
oi	[wa]	croissant (クロワッサン) クルワサン				
oî		boîte (箱) ブワット				

〈鼻母音字〉　息の一部を鼻から出す音です。「母音字＋m」「母音字＋n」の形をとります。

am an em en	[ã]	France (フランス) フランス	ensemble (一緒に) アンサンブル
im in aim ain eim ein ym yn	[ɛ̃]	fin (終わり) アン　pain (パン) ファン	symbole (シンボル) サンボル
um un	[œ̃]	parfum (香水) アン　un (1つ) パルファン	アン
om on	[ɔ̃]	nom (名前) オン　bonjour (こんにちは) ノム	ボンジュール

※[ã]は「オンに近いアン」になります。[ɛ̃]と[œ̃]の区別の必要はありません。
※mmやnnのようにmやnが2文字重なった場合は鼻母音にはなりません。
　例：pomme[ɔm] (りんご)　parisienne[ɛn] (パリの)

　ここからは，子音字を見ていきましょう。子音字は，単語の終わりにきた場合，c, f, l, r以外は基本的に発音しないのでしたね。また，hも発音しませんでした。
　単語の終わりではない場合は，子音字は基本的に読みます。読み方は英語と大体同じですが，英語とは少し違うものや注意が必要なものを見てみましょう。

〈注意したい子音字〉

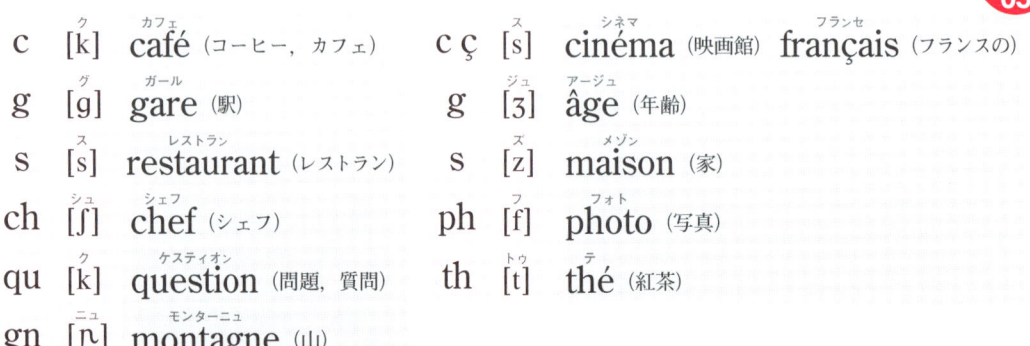

c	[k]	café (コーヒー，カフェ) カフェ	c ç	[s]	cinéma (映画館) シネマ	français (フランスの) フランセ
g	[g]	gare (駅) ガール	g	[ʒ]	âge (年齢) アージュ	
s	[s]	restaurant (レストラン) レストラン	s	[z]	maison (家) メゾン	
ch	[ʃ]	chef (シェフ) シェフ	ph	[f]	photo (写真) フォト	
qu	[k]	question (問題，質問) ケスティオン	th	[t]	thé (紅茶) テ	
gn	[ɲ]	montagne (山) モンターニュ				

最後に，2つの単語をつなげて発音する現象を見てみましょう。

〈リエゾン〉

　その単語単体のときは発音されなかった語末の子音字が，次の単語の語頭の母音や無音のｈと合わさって，発音されることがあります。このような現象をリエゾン（liaison）と言います。

□ vous êtes （あなたは〜です）　　　　□ des oranges （いくつかのオレンジ）
　 ヴェット　　　　　　　　　　　　　　　 デ オランジュ
　 ヴゼット　　　　　　　　　　　　　　　 デゾランジュ

□ un hôtel （１つのホテル）　　　　　　□ Bon appétit. （どうぞ召し上がれ。）
　 アン オテル　　　　　　　　　　　　　 ボン アペティ
　 アノテル　　　　　　　　　　　　　　　 ボナペティ

□ Nous avons vingt ans. （私たちは20歳です。）
　 ヌ　アヴォン　ヴァン　アン
　 ヌザヴォン　　　ヴァンタン

〈アンシェヌマン〉

　もともと発音されていた語末の子音字が，次の単語の語頭の母音や無音のｈと合わさり，一体化して発音される現象をアンシェヌマン（enchaînement）と言います。

□ elle est （彼女は〜です）　　　　　　□ faire un gâteau （ケーキを作る）
　 エル エ　　　　　　　　　　　　　　　 ファール アン ガトー
　 エレ　　　　　　　　　　　　　　　　　 ファーラン ガトー

□ jeune homme （若い男性）
　 ジュヌ オム
　 ジュノム

□ Bonne idée. （いい考えね。）　　　　□ Il est neuf heures. （９時です。）
　 ボヌ イデ　　　　　　　　　　　　　　 イル エ ヌフ ウール
　 ボニデ　　　　　　　　　　　　　　　　 イレ ヌヴール

〈エリジオン〉

　ce, le, la, je, me, te, se, de, ne, que, si の冠詞，人称代名詞，接続詞などが，次の単語の語頭の母音や無音のｈの影響で，c', l', l', j', m' t', s', d', n', qu', s' のように母音字が消えて，アポストロフで表されることがあります。この現象をエリジオン（élision）と言います。

□ la＋olive　　→l'olive （オリーブ）
　　　　　　　　　ロリーブ

□ ce＋est　　　→C'est un chat. （それはねこです。）
　　　　　　　　　セタン シャ

□ je＋aime　　→J'aime l'eau minérale. （私はミネラルウォーターが好きです。）
　 la＋eau　　　 ジェム ロー ミネラル

いろいろなあいさつ

いろいろな場面で使えるあいさつを紹介します。

Bonjour.（おはよう。／こんにちは。）は，朝から夕方まで使える便利なあいさつです。夕方から夜にかけては，Bonsoir.（こんばんは。）を用います。

Bonsoir. は，夜別れるときにも言うことができます。また，学生同士や親しい間柄では，時間帯に関わりなく会ったときも，別れるときも Salut！（やあ！／じゃあね。）をよく使います。

初対面で自分の名前を名乗るときには，Je m'appelle 〜.（私の名前は〜です。）を用います。

別れるときに使えるあいさつには，次のようなものがあります。

Au revoir.（さようなら。）は時間帯に関わりなく，Bonne journée!（よい一日を!）は午後の早い時間帯まで使えます。

Au revoir.	さようなら。
À bientôt.	また近いうちに。
Bonne journée!	よい1日を!
Bonne nuit.	おやすみなさい。

目上の人などに機嫌をうかがうときは，Vous allez bien ?（お元気ですか。）を使います。親しい間柄では，Ça va ?（元気？）を使います。答え方とあわせて見てみましょう。

上の会話の中にもあったように，お礼を言うときには Merci.（ありがとう。）と言います。beaucoup（とても）をつけると，よりていねいになります。答え方とあわせて見てみましょう。

最後に，あやまるときの表現を見てみましょう。

Excusez-moi.（すみません。）は，知らない人に道を聞くときから，「申し訳ございません」という気持ちを伝えるときまで使えます。Pardon.（すみません。）はより軽くあやまるときや「えっ，何て言ったの？」と聞き返すときによく用います。

01 主語になる代名詞

主語人称代名詞

　フランス語の文の骨組みになっているのは，英語と同じく，**「主語」**と**「動詞」**です。「主語」は，「私は」のように，文の主人公を表すことばでしたね。

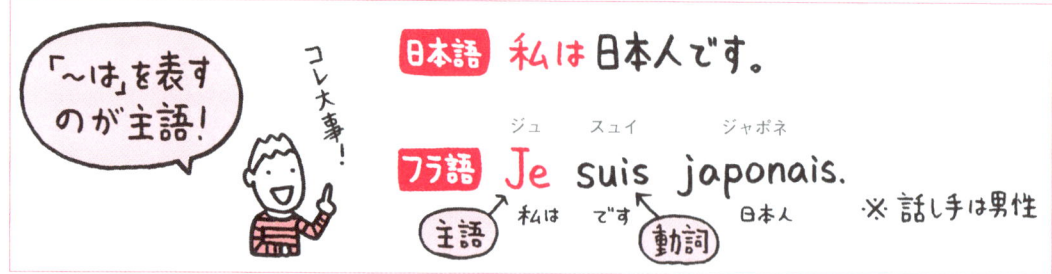

　上の文の suis は，英語の am にあたる動詞です。

　「私は」以外の主語，「彼（彼女）は」や主語が複数のときを見てみましょう。

　フランス語では，「彼（彼女）は」が複数になっても，男性か女性かを言い分けます。これは英語（they）とちがうところです。ただし，男女が混じっている場合は，いつも ils を使います。また，il, elle, ils, elles は「それは」「それらは」と**物**について言うときにも使えます。〈→p.26〉

　気をつけたいのは，「あなたは」のときです。家族や友人など親しい相手には **tu** を使います。特に親しくはない普通の関係の相手には **vous** を使います。
　「あなたたちは」のときは，親しさの度合いにかかわらず，vous を使います。

基本練習

答えは130ページ

■ je, tu, il, elle, nous, vous, ils, elles のうち，適する形を☐に書きましょう。

(1) 彼らは背が高い。
　☐ sont grands.
　　　　ソン　グラン
　　　　　　背が高い

(2) 彼女はフランス人です。
　☐ est française.
　　　　エ　フランセーズ
　　　　　　フランス人（女）

(3) （初対面の女性に）あなたはきれいですね。
　☐ êtes belle.
　　　　エット　ベル
　　　　　　きれい

(4) 私たち（男）は大学生です。
　☐ sommes étudiants.
　　　　ソム　エテュディヤン
　　　　　　大学生

(5) （友だちに）君は感じがいいね。
　☐ es sympathique.
　　　　エ　サンパティック
　　　　　　感じがいい

(6) 私（男）は日本人です。
　☐ suis japonais.
　　　　スュイ　ジャポネ
　　　　　　日本人（男）

(7) あなたたちは頭がいいですね。
　☐ êtes intelligents.
　　　　エット　アンテリジャン
　　　　　　頭がいい

02 êtreの使い方 ①

フランス語の「be動詞」(主語が単数のとき)

「主語」のつぎは「動詞」について、見ていきましょう。

英語の動詞には、「する」「話す」「見る」のように、おもに「動き」を表す**一般動詞**と、「私は〜です」のように**「イコール」**でつなぐ働きをする**be動詞**がありましたね。フランス語で、このbe動詞にあたるのが **être** です。

be動詞が主語によって am, are, is, と変化したように、être も主語によっていくつかの形に変化します。たとえば、主語が **je**（私は）のときは、**suis** となります。

主語が **il**（彼は）や **elle**（彼女は）のときは、**est** となります。また、**ce**（これ、それ、あれ、こちらは）のときも **est** となります。英語のbe動詞で考えれば、is です。

il＋est, elle＋est は、アンシェヌマンするので**イレ**、**エレ**と発音します。
ce＋est はエリジオンし、必ず **c'est** の形で使われます。

基本練習

答えは130ページ

■ être を活用させて，適する形を _____ に書きましょう．

(1) 私（女）は大学生です．
　　ジュ　　　　　　　エテュディヤント
　　Je _____ étudiante.
　　　　　　　　　　　　大学生

(2) 彼女は日本人です．
　　エル　　　　　　　ジャポネーズ
　　Elle _____ japonaise.
　　　　　　　　　　　　日本人（女）

(3) これは私の本です．
　　　　　　　　モン　　リーヴル
　　_____ mon livre.
　　ce+être の活用　　私の　　本

(4) 彼は親切です．
　　イル　　　　　　ジャンティ
　　Il _____ gentil.
　　　　　　　　　　　親切な

(5) ナタリーは旅行中です．
　　ナタリー　　　　　　　アン　ヴワィヤージュ
　　Nathalie _____ en voyage.
　　　　　　　　　　　　　　　旅行中

■ フランス語にしましょう．

(6) 私（男）は幸せです．

　　―――――――――――――――――――――
　　幸せ（男）：heureux

(7) こちらは私の母です．

　　―――――――――――――――――――――
　　私の母：ma mère

03 êtreの使い方 ②

フランス語の「be動詞」(主語が複数のとき)

tu（君は）や vous（あなたは，あなたたちは）が主語のとき，être はそれぞれ，es，êtes となります。以前に勉強した tu と vous の使い分けにも注意しましょう。

vous の発音はヴですが，vous＋êtes のときはリエゾンするのでヴゼットとなります。

nous（私たちは）が主語のときは sommes，ils（彼らは），elles（彼女らは）が主語のときはいずれも sont となります。

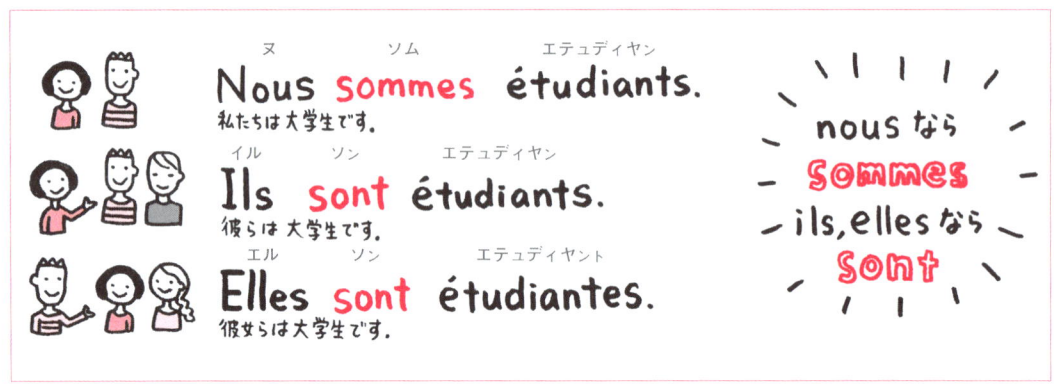

これまで見てきたように，être は主語の人称（私は，君は，彼はなど），単数か複数かによって，次のように使い分けます。もう一度確認しましょう。

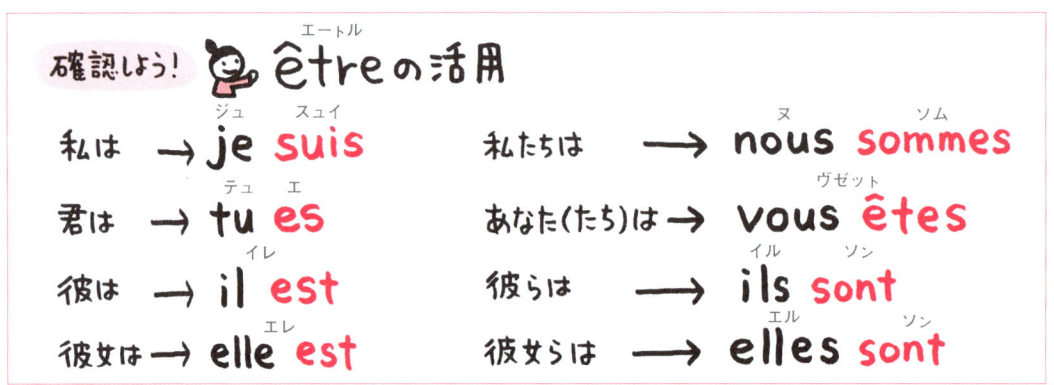

基本練習

答えは130ページ

■ être を活用させて，適する形を □ に書きましょう。

(1) 彼らは先生です。

　　Ils □ professeurs.
　　イル　　　　　プロフェスール
　　　　　　　　　先生

(2) あなた（女）は幸せです。

　　Vous □ heureuse.
　　ヴ　　　　　　ウルーズ
　　　　　　　　　幸せな（女）

(3) 君（女）はかわいいね。

　　Tu □ mignonne.
　　テュ　　　　ミニョンヌ
　　　　　　　　かわいい（女）

(4) 彼女らは若いです。

　　Elles □ jeunes.
　　エル　　　　ジュヌ
　　　　　　　　若い

(5) 私たちは遅れています。

　　Nous □ en retard.
　　ヌ　　　　　アン ルタール
　　　　　　　　遅れて

(6) 健太と大樹は美紀の家にいます。

　　Kenta et Daiki □ chez Miki.
　　ケンタ エ ダイキ　　　　シェ ミキ
　　　　　〜と　　　　　　　　〜の家に

■ フランス語にしましょう。

(7) あなたたち（男）は背が高いね。

　　_____

　　背が高い：grands

(8) 私たち（男）は大学生です。

　　_____

　　大学生：étudiants

017

04 -erで終わる動詞 ①

一般動詞（主語が単数のとき）

ここでは，英語の一般動詞にあたる，être 以外の動詞について勉強しましょう。一般動詞を使うときは，être は使いません。

一般動詞も être と同じように，原形とよばれるもとの形を，主語によって活用させて使います。ここでは，フランス語で最も数の多い，**-er で終わる動詞**を見てみましょう。

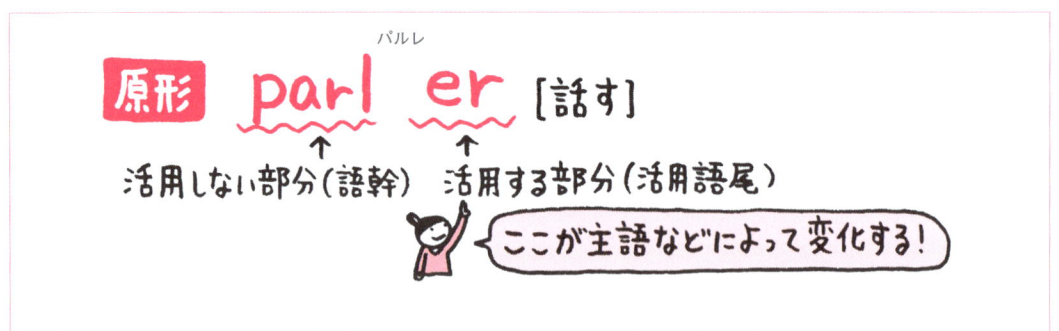

er より前の部分が語幹で，er が活用語尾です。ほとんどの -er 動詞は，活用のしかたが同じですので，ここで勉強する活用形をしっかり覚えましょう。

主語が je（私は），il（彼は），elle（彼女は）のときは，活用語尾は **e** となります。tu（君は）のときは，活用語尾は **es** となります。

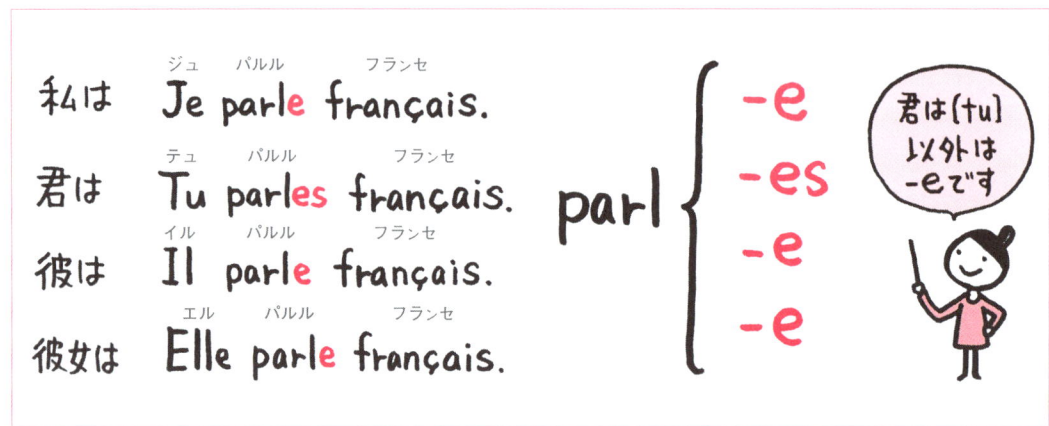

基本練習

答えは130ページ

■ 次の -er動詞を活用させて，適する形を□に書きましょう。

(1) travailler：働く （トラヴァイエ）

私は東京で働いています。
Je _____ à Tokyo.
（ジュ）（ア）（トーキョー）
東京で

(2) chanter：歌う （シャンテ）

君は歌が上手だ。
Tu _____ bien.
（テュ）（ビヤン）
上手に

(3) parler：話す （パルレ）

彼女は上手にフランス語を話します。
Elle _____ bien français.
（エル）（ビヤン）（フランセ）
上手に　フランス語

(4) regarder：見る （ルガルデ）

彼はテレビを見ています。
Il _____ la télévision.
（イル）（ラ）（テレヴィジオン）
テレビ

(5) étudier：勉強する （エテュディエ）

私の妹は英語を勉強します。
Ma sœur _____ l'anglais.
（マ）（スール）（ラングレ）
私の妹　　　　　英語

■ フランス語にしましょう。

(6) 君は早口で話すね。

_____

早口で話す：parler vite

(7) 私はピアノを弾きます。

_____

弾く：jouer　ピアノを：du piano

05 -erで終わる動詞 ②

一般動詞（主語が複数のとき）

主語が nous（私たちは），vous（あなたは，あなたたちは），ils（彼らは），elles（彼女らは）のときの -er 動詞の活用は，それぞれ次のようになります。同じく，「～はフランス語を話します」の文で見てみましょう。

それでは，-er 動詞の活用をまとめておきましょう。

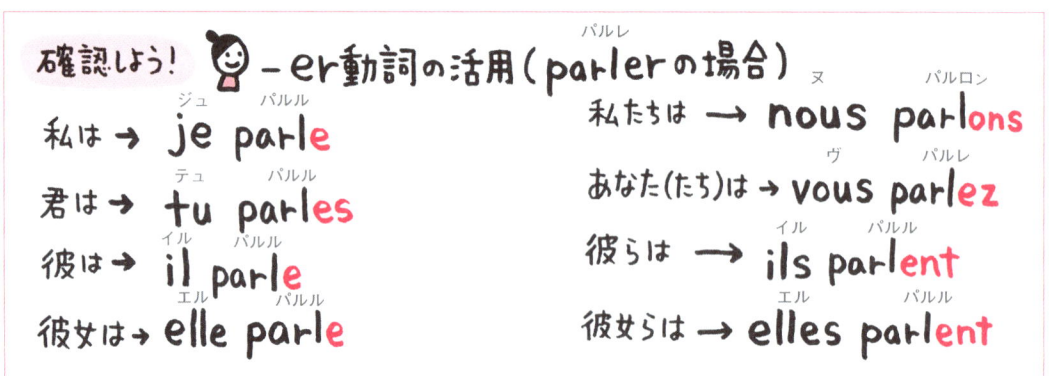

ここで注意したいのは発音です。主語が nous と vous 以外は，発音が同じで，後半部分（活用語尾）は発音しません。

また，動詞が母音や無音の h で始まるときは，エリジオンなどがおこります。

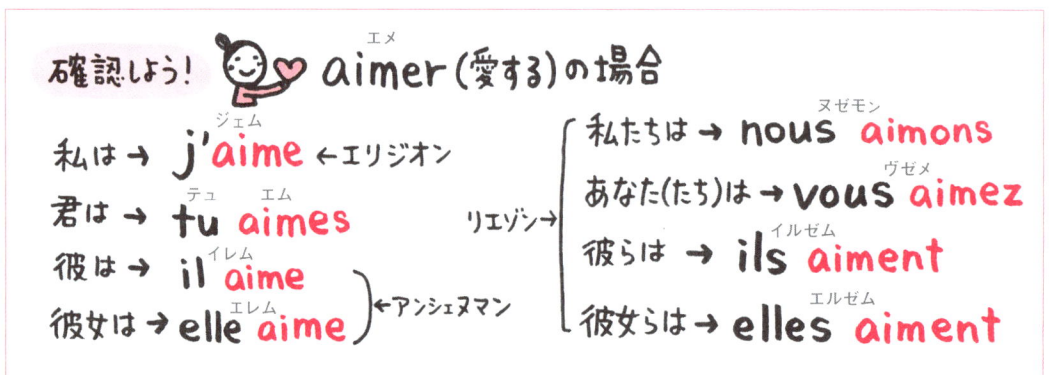

基本練習

答えは130ページ

■ 次の -er動詞を活用させて，適する形を□に書きましょう。

(1) jouer：(スポーツを)する　　私たちはテニスをします。
　　　（ジュエ）
　　　Nous ▢ au tennis.
　　　（ヌ）　　　（オ　テニス）
　　　　　　　　　　テニス

(2) habiter：住む　　彼らはパリに住んでいます。
　　　（アビテ）
　　　Ils ▢ à Paris.
　　　（イル）　　（ア　パリ）
　　　　　　　　　パリに

(3) voyager：旅行する　　あなたはよく旅行しますね。
　　　（ヴワィヤジェ）
　　　Vous ▢ souvent.
　　　（ヴ）　　（スヴァン）
　　　　　　　　　よく

(4) aimer：愛する，好む　　私はサッカーが好きです。
　　　（エメ）
　　　▢ le football.
　　　je＋aimer の活用　（ル　フットボル）
　　　　　　　　　　　　サッカー

(5) travailler：働く　　美紀と健太は神戸で働いています。
　　　（トラヴァィエ）
　　　Miki et Kenta ▢ à Kobe.
　　　（ミキ　エ　ケンタ）　　　　（ア　コーベ）
　　　　　　〜と　　　　　　　　　　神戸で

■ フランス語にしましょう。

(6) 私たちは音楽が好きです。

　　　────────────────────
　　　音楽：la musique

(7) 彼女らはフランス語を話します。

　　　────────────────────

(8) 私は日本に住んでいます。

　　　────────────────────
　　　住む：habiter　日本に：au Japon

021

06 avoirの使い方

haveにあたる動詞

よく使う一般動詞に **avoir** があります。「持つ」「（兄弟などが）いる」など英語の have と似たいろいろな使われ方をします。

être や -er 動詞と同じように，主語によって形は変わります。主語が je のときは **j'ai** の形になります。

avoir は年齢や特徴を表すときにも使われます。

また，いくつかの決まった言い方もあります。

それでは，avoir の活用をまとめて見てみましょう。

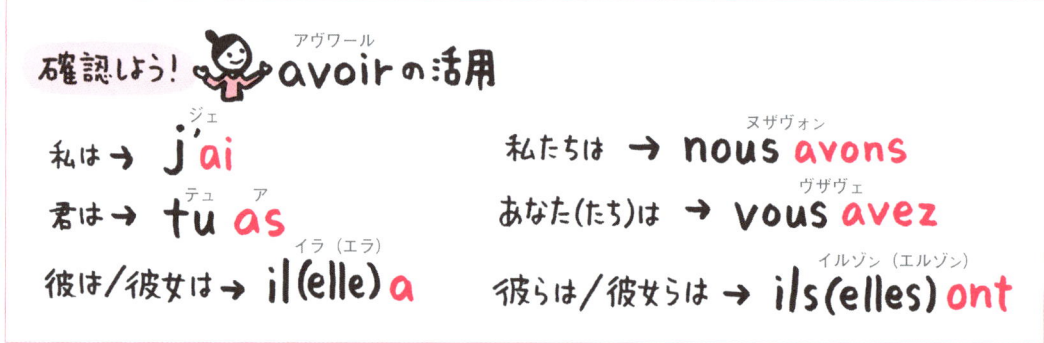

主語と動詞のエリジオン，アンシェヌマンやリエゾンに注意しましょう。

基本練習

答えは130ページ

■ avoir を活用させて，適する形を□に書きましょう。

(1) 私は娘が2人います。

　　[　　　　] deux filles.
　　je＋avoir の活用　　2人　　娘

(2) あなたはギターをいくつか持っていますね。

　　Vous [　　　　] des guitares.
　　　　　　　　　　　　　　ギター

(3) ポールは青い目をしています。

　　Paul [　　　　] les yeux bleus.
　　　　　　　　　　　目　　青い

(4) 美紀と大樹はおなかが痛いです。

　　Miki et Daiki [　　　　] mal au ventre.
　　　　　　　　　　　　　　　　　　おなか

(5) 彼はのどがかわいています。

　　Il [　　　　] soif.
　　　　　　　のどのかわき

(6) 私たちは暑いです。

　　Nous [　　　　] chaud.
　　　　　　　　　　暑さ

■ フランス語にしましょう。

(7) 彼らは18歳です。

　　_____
　　18歳：dix-huit ans

(8) 私は犬を1匹飼っています。

　　_____
　　犬を1匹：un chien

復習テスト

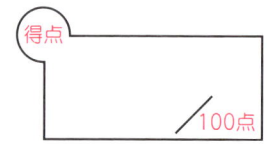

答えは130ページ
答え合わせが終わったら、CDに合わせてフランス語を音読しましょう。

être, -er で終わる動詞, avoir の文

1 次の（ ）内から適するものを選び, ○で囲みましょう。 【各4点 計16点】

(1) （ Je / Nous / Vous ）êtes sympathique.
　　　　　　　　　　　　　　感じがよい

(2) （ Tu / Il / Ils ）a un chat.
　　　　　　　　　　1匹　ねこ

(3) （ Je / Tu / Il ）es fatigué.
　　　　　　　　　　疲れている

(4) （ Nous / Vous / Elles ）aiment le tennis.
　　　　　　　　　　　　　　　　　テニス

2 être または avoir を適する形にかえて, □に書きましょう。 【各5点 計30点】

(1) 私たち（男）は日本人です。
　　Nous □ japonais.

(2) 彼らは10歳です。
　　Ils □ dix ans.
　　　　　　　　10歳

(3) 私（男）は大学生です。
　　Je □ étudiant.

(4) 彼女は頭がいいです。
　　Elle □ intelligente.

(5) 健太は傘を持っています。
　　Kenta □ un parapluie.
　　　　　　　　　　　　傘

(6) 私は頭が痛いです。
　　□ mal à la tête.
　　je＋avoir の活用

3 次の日本文をフランス語にしましょう。(　) 内の動詞を使ってください。

【各9点　計54点】

(1) 私はパリに住んでいます。(habiter)

パリに : à Paris

(2) 彼女は中国語を話します。(parler)

中国語 : chinois

(3) あなたたちはよく勉強しますね。(étudier) bien.
よく

----

(4) 彼らは一緒に歌います。(chanter) ensemble.
一緒に

----

(5) 私たちはチーズが好きです。(aimer)

チーズ : le fromage

(6) これはおいしいです。(être)

おいしい : bon

いろいろな -er 動詞

これまでに勉強した以外にも，よく使われる -er 動詞をチェックしておきましょう。

- ☐ donner（与える）
- ☐ arriver（着く）
- ☐ écouter（聞く）
- ☐ laisser（残す）
- ☐ demander（尋ねる，聞く）
- ☐ marcher（歩く）
- ☐ passer（通る，過ごす）
- ☐ penser（考える）
- ☐ rencontrer（出会う）
- ☐ rester（とどまる）
- ☐ téléphoner（電話する）
- ☐ trouver（見つける，思う）

次の -er 動詞は，活用のしかたが少しだけ不規則です。辞書で確認してみましょう。

- ☐ acheter（買う）
- ☐ appeler（呼ぶ）
- ☐ commencer（始まる，始める）
- ☐ espérer（期待する）
- ☐ manger（食べる）
- ☐ payer（払う）

ステップアップ

名詞，不定冠詞（単数）

07 男性名詞と女性名詞

フランス語の名詞には，**男性名詞**と**女性名詞**があります。

たとえば，père（父）は男性名詞，mère（母）は女性名詞です。もともと表すものが男性の場合は男性名詞，女性の場合は女性名詞となります。

「大学生」など，男性も女性もいる名詞はどうでしょうか。実は男性形と女性形があります。étudiant が男性形，男性名詞の最後に **e** をつけた étudiante が女性形となります。élève（生徒）など，もともと e で終わる名詞はそのままでオーケーです。

では，stylo（ペン）は？ これは男性名詞です。table（テーブル）は？ これは女性名詞です。フランス語ではすべての名詞は男女の区別があります。

最後に e で終わる名詞は女性名詞，それ以外は男性名詞が多いですが，例外も多いため，ひとつひとつ覚える必要があります。

でも，大丈夫です。英語を思い出してください。a book といったように，名詞の前には冠詞などがつきましたね。フランス語も同じです。

英語の不定冠詞 a にあたるのは，**un** と **une** です。男性名詞には un，女性名詞には une をつけます。冠詞を手がかりに，男性か女性か確実に判断できます。

英語の it のように「それは」にあたる語も，フランス語では名詞の性別によって変化します。男性名詞なら il（複数形は ils），女性名詞なら elle（複数形は elles）でうけます。

基本練習

答えは131ページ

■ 次の（　）内から適するものを選び，〇で囲みましょう。

(1) Mon frère est (étudiant / étudiante).
（私の兄は大学生です。）

(2) Marie est (français / française).
（マリー〈女〉はフランス人です。）

(3) Anne est mon (ami / amie).
（アンヌ〈女〉は私の友だちです。）

mon：私の　ami(e)：友だち

■ (4)〜(6)は un, une のうち，(7)(8)は il, elle のうち適する語を ☐ に書きましょう。

(4) 私には姉が1人います。
　　J'ai ☐ sœur.
　　　　　　姉, 妹

(5) クロワッサンを1つお願いします。
　　☐ croissant, s'il vous plaît.
　　　　クロワッサン（男）　〜をお願いします

(6) 彼は黄色い車を探しています。
　　Il cherche ☐ voiture jaune.
　　探す（chercherの活用）　車（女）　黄色い

(7) ペンがあります。このペンは彼のです。
　　Il y a un stylo. ☐ est à lui.
　　〜があります　ペン　　　　彼の

(8) これはバゲットです。このバゲットはとてもおいしい。
　　C'est une baguette. ☐ est très bonne.
　　　　　　バゲット　　　　　　　とても　おいしい

08 名詞の複数形

名詞，不定冠詞（複数）

　名詞が複数の場合について，見ていきましょう。ほとんどの名詞の複数形は，最後に s をつければ完成です。もともと s, x, z で終わる名詞はそのままでオーケーです。

　ところで，フランス語では語末の s は読まれませんでしたね。つまり，単数形も複数形も発音は同じです。聞いただけでは区別がつきませんね。

　そこで，また冠詞の登場です。名詞が複数形のときは，複数を表す冠詞 des を使います。英語の some のような意味合いです。

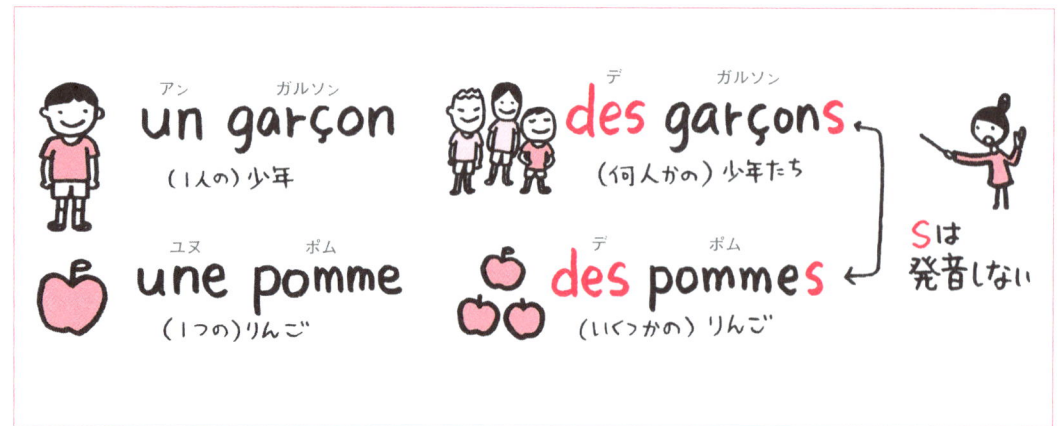

　複数の場合，男性名詞でも女性名詞でも，不定冠詞は des となります。したがって複数形になると，名詞の性は区別しづらくなります。

　また，des のあとに母音や無音の h で始まる名詞がくれば，リエゾンします。

基本練習

答えは131ページ

■ 適する名詞を右から選び，必要があれば形を変えて☐に書きましょう。

(1) ポールとマリーは私の友だちです。
Paul et Marie sont mes ☐.

(2) 向こうに何人かの女子大学生がいます。
Il y a des ☐ là-bas.

(3) 彼女の両親は日本人です。
Ses parents sont ☐.

étudiant

japonais

ami

■ un, une, des のうち，適する形を☐に書きましょう。

(4) （いくつかの）オレンジをください。
☐ oranges, s'il vous plaît.

(5) 私はマリーへのプレゼントを探しています。
Je cherche ☐ cadeau pour Marie.

(6) これらは学校です。
Ce sont ☐ écoles.

(7) 私たちは京都に家を持っています。
Nous avons ☐ maison à Kyoto.

09 theやthisにあたる語

定冠詞，指示形容詞

英語のaにあたる不定冠詞がunとuneで，someにあたる不定冠詞がdesでした。今回は，英語のtheにあたる定冠詞le, la, lesを見てみましょう。すでに一度話に出ていたり，状況からどれのことか，話し手と聞き手がわかっていたりするものに使います。この定冠詞も，男性名詞か女性名詞か，単数か複数かによって変化します。

このle, la, lesには，「その～」以外に「～というもの」という意味もあります。J'aime la musique.（私は音楽が好きです。），Il aime les chats.（彼はねこが好きです。）のように，好きなものを言うときによく使います。好きなものが数えられる名詞のときは複数形にします。

ここでも，母音や無音のhで始まる名詞に注意です。le, laはエリジオンするとl'になります。また，lesはles enfants（その子どもたち）のようにリエゾンします。

ついでに，「この～」や「あの～」と指し示す場合も見てみましょう。英語のthis, that, these, thoseにあたる指示形容詞です。

英語では，近くのものと離れたところにあるものを使い分けますが，フランス語のce(t), cette, cesは意味が広く，「この～」「あの～」のどちらで訳してもよいです。

基本練習

答えは131ページ

■ le, la, les のうち，適する形を□に書きましょう。

(1) 私は白い靴を買います。
　　J'achète [　　] chaussures blanches.
　　ジャシェット　　　　　　ショスュール　ブランシュ
　　買う（acheterの活用）　　　　　　　白い

(2) 駅はレストランの前です。
　　[　　] gare est devant le restaurant.
　　　　　ガール　エ　ドヴァン　ル　レストラン
　　　　　駅（女）　　～の前　　　レストラン

(3) 私はりんご（というもの）が好きです。
　　J'aime [　　] pommes.
　　ジェム　　　　　ポム
　　好き　　　　　　りんご（女）

(4) 彼はコーヒー（というもの）が好きです。
　　Il aime [　　] café.
　　イレム　　　　　カフェ
　　　　　　　　　コーヒー（男）

■ ce, cet, cette, ces のうち，適する形を□に書きましょう。

(5) このワンピースはきれいです。
　　[　　] robe est belle.
　　　　　ローブ　エ　ベル
　　　　　　　　　　きれい

(6) 私はこのめがねが好きです。
　　J'aime [　　] lunettes.
　　ジェム　　　　　リュネット
　　　　　　　　　めがね

(7) あの本はすばらしい。
　　[　　] livre est magnifique.
　　　　　リーヴル　エ　マニフィック
　　　　　本（男）　　すばらしい

(8) あの男性はルイーズのお父さんです。
　　[　　] homme est le père de Louise.
　　　　　オム　エ　ル　ペール　ドゥ　ルイーズ
　　　　　　　　　　　　　　～の

復習テスト

答えは131ページ
答え合わせが終わったら，CDに合わせてフランス語を音読しましょう。

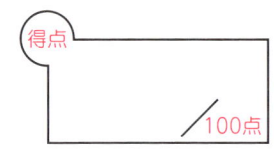

名詞，冠詞，指示形容詞

1 次の（　）内から適するものを選び，○で囲みましょう。　【各5点　計15点】

(1) Elle cherche (un / une / des) robe noire.
（彼女は黒いワンピースを探しています。）

(2) (Un / Une / Des) étudiant habite dans cette maison.
（この家には大学生が1人住んでいます。）

(3) Il y a (un / une / des) fruits sur la table. （テーブルの上にフルーツがあります。）

2 適する形を右から選び，□に書きましょう。　【各5点　計25点】

(1) 私は今晩暇です。
Je suis libre □ soir.

(2) 私たちはルイーズの妹と一緒に歌います。
Nous chantons avec □ sœur de Louise.

(3) 子どもたちは庭で遊んでいます。
□ enfants jouent dans □ jardin.

(4) この少年たちはジャンの息子たちです。
□ garçons sont □ fils de Jean.

(5) この女性はマリーのおじさんを知っています。
□ femme connaît □ oncle de Marie.

le
la
l'
les
ce
cet
cette
ces

3 次の日本文をフランス語にしましょう。 【各10点 計60点】

(1) 私たちはこの学校で働いています。

　　―――――――――――――――――――――――――――――――――
　　～で働く：travailler dans　学校：école（女）

(2) このレストランは有名です。

　　―――――――――――――――――――――――――――――――――
　　レストラン：restaurant（男）　有名な：connu

(3) これは教会です。

　　―――――――――――――――――――――――――――――――――
　　教会：église（女）

(4) 私には兄弟がいます。

　　―――――――――――――――――――――――――――――――――
　　兄弟：frères（複）

(5) 彼女たちはアメリカの音楽が好きです。

　　―――――――――――――――――――――――――――――――――
　　アメリカの音楽：musique américaine（女）

(6) 電車は遅れています。

　　―――――――――――――――――――――――――――――――――
　　電車：train（男）　遅れている：en retard

不規則な複数形

名詞の複数形のうち，単数形＋s 以外の不規則なものを紹介します。よく使うものから覚えて応用しましょう。

① -s, -x, -z で終わる名詞→変化しない
　□ fils（息子）　□ voix（声）　□ nez（鼻）

② -eau, -au, -eu で終わる名詞→単数形＋x
　□ gâteau → gâteaux（ケーキ）　□ tuyau → tuyaux（管）　□ cheveu → cheveux（髪）

③ -al で終わる名詞→単数形－al＋aux
　□ animal → animaux（動物）

④ その他
　□ travail → travaux（仕事）　□ chou → choux（キャベツ）
　□ monsieur → messieurs（男性の敬称）　□ œil → yeux（目）

ステップアップ

10 数えられない名詞

部分冠詞

　これまで，stylo（ペン），table（テーブル）など「1つ，2つ…」と数えられる名詞とその冠詞を勉強しました。今回は，「水」や「お金」などの量で表されるもの，また，「愛」「勇気」など抽象的なものといった**数えられない名詞**とその**冠詞（部分冠詞）**を見てみましょう。

　「水」のように，「1つ，2つ…」と数えられない名詞の場合，男性名詞には **du**，女性名詞には **de la** をつけます。これらは，「いくらかの（はっきり言えない）量の」の意味を表します。

　名詞が母音や無音の h で始まるときは，男性名詞でも女性名詞でも，**de l'** を使います。

　コーヒー，紅茶などの液体は数えられない名詞の代表ですが，「1杯」という意味で使う場合は，un や une を使います。今まで習った冠詞と比べながら見てみましょう。

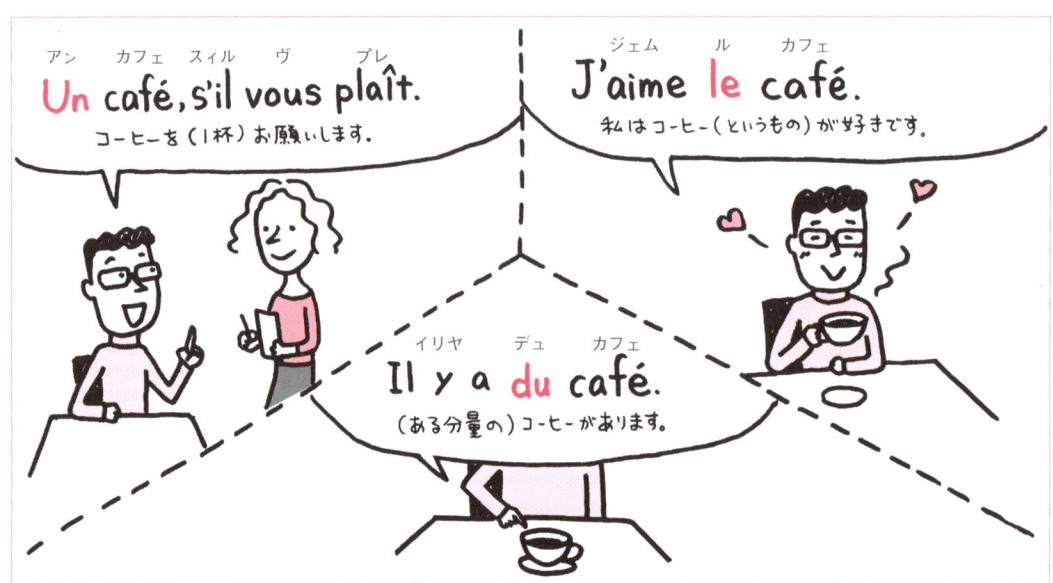

基本練習

答えは131ページ

■ du, de la, de l' のうち，適する形を□に書きましょう。

(1) 私はコーヒーを飲みます。
Je bois □ café.

(2) 私たちはミネラルウォーターを飲みます。
Nous buvons □ eau minérale.

(3) 冷蔵庫の中に肉があります。
Il y a □ viande dans le frigo.

(4) 私は毎日ご飯（米）を食べます。
Je mange □ riz tous les jours.

■ 適する冠詞（不定冠詞，定冠詞，部分冠詞）を□に書きましょう。

(5) 私はチョコレート（というもの）が好きです。
J'aime □ chocolat.

(6) あなたは勇気がありますね。
Vous avez □ courage.

(7) 紅茶を（1杯）お願いします。
□ thé, s'il vous plaît.

11 「私の」「彼の」など

所有形容詞

名詞の前において「私の」や「彼の」など所有者を示す語を**所有形容詞**といいます。英語でいえば，my や his ですね。この所有形容詞も，名詞の性数によって変化します。

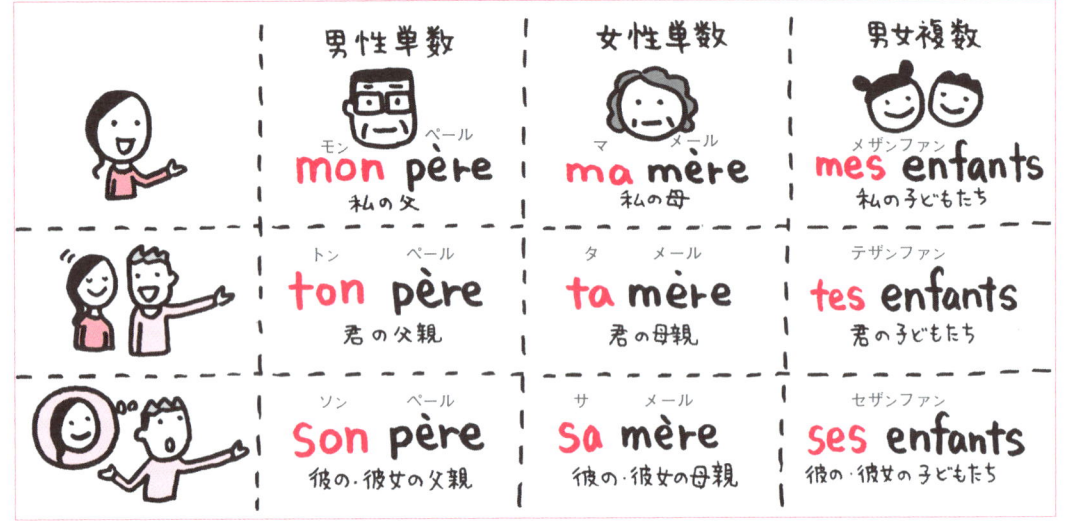

所有形容詞は，所有者の性ではなく，**所有されるものの性や数**に合わせます。

1つ注意点があります。ma, ta, sa は，**母音や無音のhで始まる語の前**では mon, ton, son になります。

さて，所有者が複数のときは簡単です。性別は関係ありません。

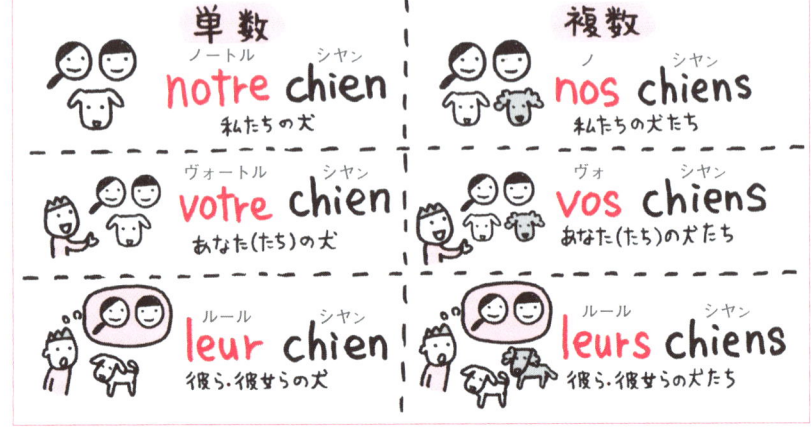

基本練習

答えは131ページ

■ 適する所有形容詞を □ に書きましょう。

(1) 私の両親は医者です。
   _____ parents sont médecins.

(2) これらは彼らのねこです。
   Ce sont _____ chats.

(3) 君のお姉さんはきれいだね。
   _____ sœur est belle.

(4) あなたたちの自転車は新品です。
   _____ vélos sont neufs.

(5) 私たちのフランス語の先生はデュラック先生（女）です。
   _____ professeur de français est Madame Dulac.

(6) アンヌは日本語を話します。彼女のお母さんは日本人です。
   Anne parle japonais. _____ mère est japonaise.

(7) 由美と恵子は姉妹です。彼女たちのお父さんは作家です。
   Yumi et Keiko sont sœurs. _____ père est écrivain.

(8) 私の友だち（女）はテニスをします。これは彼女のラケットです。
   _____ amie joue au tennis. C'est _____ raquette.

12 形容詞の使い方

形容詞は，「黒いねこ」「難しい問題」など，名詞に情報をプラスすることばです。

役割は英語の形容詞と同じですが，名詞を修飾するときの語順がちがいます。ほとんどは**名詞の後ろ**におきます。

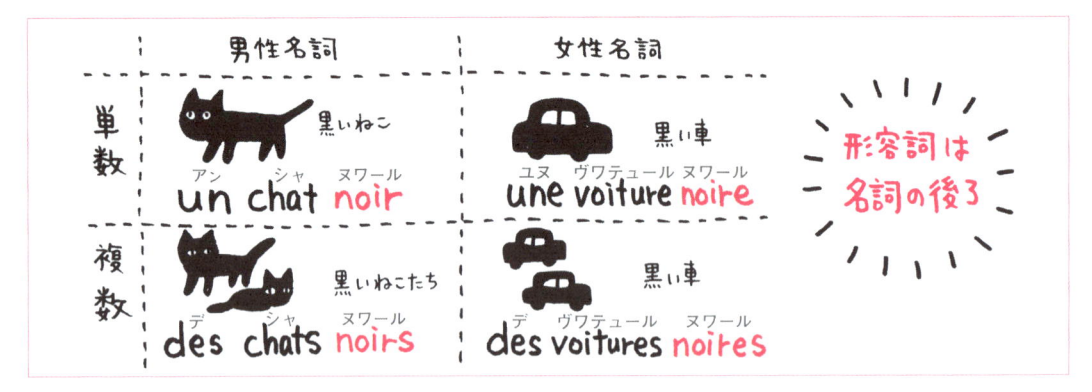

	男性名詞	女性名詞
単数	黒いねこ アン シャ ヌワール un chat noir	黒い車 ユヌ ヴワテュール ヌワール une voiture noire
複数	黒いねこたち デ シャ ヌワール des chats noirs	黒い車 デ ヴワテュール ヌワール des voitures noires

形容詞は**名詞の後ろ**

形容詞は**名詞の性・数に合わせて変化**します。男性形にeをつけて女性形，単数形にsをつけて複数形にします。名詞の女性形，複数形のつくり方と同じです。jeune（若い）など，もともとeで終わる形容詞はそのままで，男・女同形です。

形容詞は原則，名詞の後ろにおきますが，日常よく使う形容詞は**名詞の前**におきます。

アン グラン シャン　アン ボン リーヴル　アン ジュノム　アン ボー ペイザージュ
un grand chien　un bon livre　un jeune homme　un beau paysage
　大きな　　　　　　よい　　　　　　若い　　　　　　美しい　風景

アン プティ シャン　アン モーヴェ リーヴル　アン ヴィユー シャ　アン ヌーヴォー プロフェスール
un petit chien　un mauvais livre　un vieux chat　un nouveau professeur
　小さな　　　　　　悪い　　　　　　年をとった　　　　　新しい

これらの形容詞は男性単数名詞の場合です。女性単数名詞の場合に不規則に変化するものは，p.41で確認しましょう。

形容詞は，名詞の前後だけでなく，êtreのあとでも使います。

主語とイコールで結ばれ，主語についての情報を伝えます。この場合は，主語の性・数に合わせて変化します。

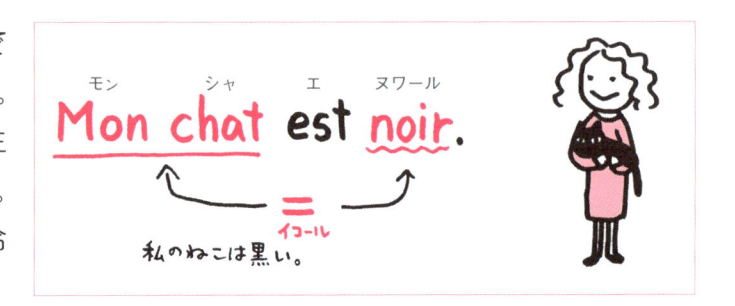

モン シャ エ ヌワール
Mon chat est noir.
＝ イコール
私のねこは黒い。

基本練習

答えは131ページ

■（　　）内の語を並べかえて，フランス語を完成させましょう。
ただし，形容詞を適する形にしましょう。

(1) 私は日本製の時計をいくつか持っています。(des / montres / j'ai / japonais)

　　時計：montres（女・複）

(2) これはよい辞書です。(c'est / dictionnaire / bon / un)

　　辞書：dictionnaire（男・単）

(3) これらのフルーツは赤い。(fruits / rouge / ces / sont)

　　フルーツ：fruits（男・複）　赤い：rouge

(4) この車は大きいです。(grand / voiture / est / cette)

(5) 私は新しい携帯電話を探しています。(un / je / nouveau / cherche / portable)

　　携帯電話：portable（男・単）　探す：chercher

(6) ポールは青い目をしています。(les / Paul / bleu / yeux / a)

　　青：bleu　目：yeux（男・複）

(7) この若い女性は女優です。(femme / est / cette / actrice / jeune)

　　女性：femme　女優：actrice（女・単）

復習テスト

得点 /100点

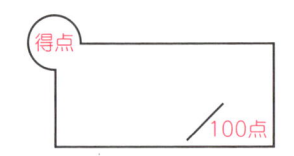

答えは132ページ
答え合わせが終わったら，CDに合わせてフランス語を音読しましょう。 → CD 22

部分冠詞，所有形容詞，形容詞

1 次の（ ）内から適するものを選び，○で囲みましょう。　【各4点　計16点】

(1) Il mange (une / la / de la) soupe chaque matin.
　　　イル マンジュ　　　　　　　　　　　　スープ シャック マタン
　　　manger（食べる）の活用　　　　　　スープ（女）　毎朝

(2) Il a (un / le / du) courage.
　　　イラ　アン ル デュ　クラージュ
　　　　　　　　　　　　勇気（男）

(3) Je bois (un / le / du) lait.
　　　ジュ ボワ　アン ル デュ　レ
　　　　　　　　　　　　　牛乳（男）

(4) C'est (mon / ma / mes) amie.
　　　セ　　　モン マ メ　　アミ

2 適する所有形容詞を☐に書きましょう。　【各6点　計24点】

(1) あなたたちのご両親は，私の友だちです。
　　☐ parents sont ☐ amis.
　　　パラン　ソン　　　　アミ

(2) 私の兄は，（彼の）友だちと夕食をとります。
　　☐ frère dîne avec ☐ ami.
　　　フレール ディヌ アヴェック　　アミ
　　　　　　夕食をとる　～と
　　　　　　（dînerの活用）

(3) 君の娘は，（彼女の）おじいさんに似ているね。
　　☐ fille ressemble à ☐ grand-père.
　　　フィユ ルサンブル ア　　　　グランペール
　　　　　　　似ている　　　　　　　祖父

(4) 私の父は60歳で母は50歳です。
　　☐ père a soixante ans et ☐ mère a cinquante ans.
　　　ペール ア スワサンタン エ　　　　メール ア サンカンタン
　　　　　　60　　歳　　　　　　　　　　　　　50

3 （　）内の語を並べかえて，フランス語を完成させましょう。ただし，形容詞を適する形にしましょう。

【各12点　計60点】

(1) 私たちの学校は小さいです。(est / notre / petit / école)

学校：école（女・単）

(2) それらの問題は難しいです。(problèmes / sont / ces / difficile)

問題：problèmes（男・複）　難しい：difficile

(3) 彼女は温かいスープが好きです。(chaud / aime / elle / la / soupe)

温かい：chaud　スープ：soupe（女）

(4) あなたたちの部屋はすてきです。(chambres / vos / charmant / sont)

部屋：chambres（女・複）　すてきな：charmant

(5) 私はいくつかの重要な記事を読んでいます。(des / important / lis / je / articles)

重要な：important　読む：lis（lireの活用）　記事：articles（男・複）

不規則な変化をする形容詞

形容詞は基本的には男性形に -e をつけて女性形にします。ここでは，不規則に変化するものを紹介します。〔　〕内は母音またはhではじまる男性単数名詞の前に置かれたときに使います。

男性単数	女性単数
□ bon（よい）→ bonne	
□ blanc（白）→ blanche	
□ favori（好みの）→ favorite	
□ beau〔bel〕（美しい）→ belle	
□ vieux〔vieil〕（年老いた）→ vieille	

男性単数	女性単数
□ gentil（優しい）→ gentille	
□ long（長い）→ longue	
□ cher（高価な）→ chère	
□ nouveau〔nouvel〕（新しい）→ nouvelle	
□ jeune（若い）→ jeune	

ステップアップ

13 否定文のつくり方 ①

否定文①
CD 23

今回は,「私は疲れて**いません**」「私はフランス語を話し**ません**」のような否定文について見てみましょう。

フランス語の否定文のつくり方は,とても簡単です。動詞を **ne** と **pas** ではさみます。

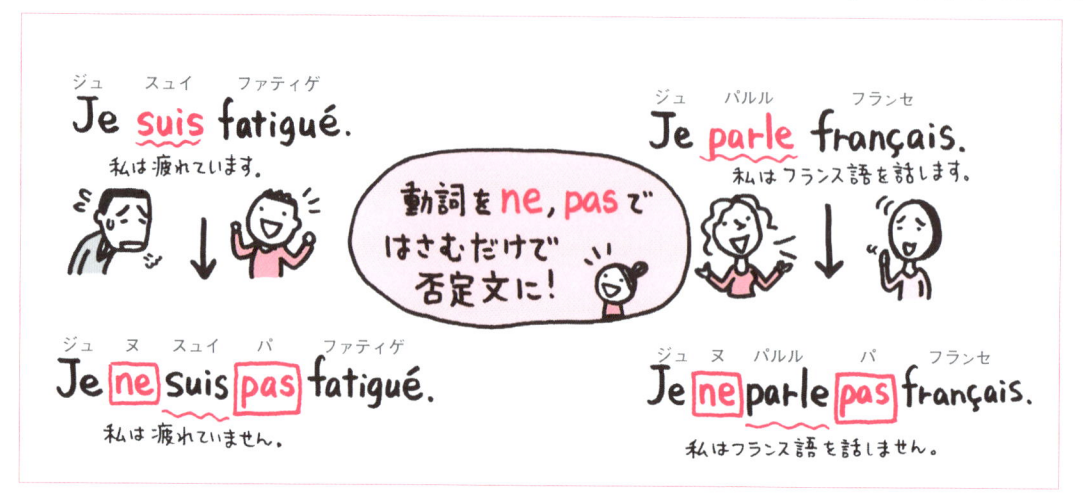

ジュ スュイ ファティゲ
Je suis fatigué.
私は疲れています。

ジュ パルル フランセ
Je parle français.
私はフランス語を話します。

動詞を ne, pas ではさむだけで否定文に!

ジュ ヌ スュイ パ ファティゲ
Je ne suis pas fatigué.
私は疲れていません。

ジュ ヌ パルル パ フランセ
Je ne parle pas français.
私はフランス語を話しません。

être も一般動詞も,つくり方は同じです。

そして,もうおなじみのルールですが,ne は母音や無音の h で始まる動詞の前ではエリジオンし,n' となります。

ジュ ネム パ レ シヤン
Je n'aime pas les chiens.
私は犬が好きではありません。

ス ネ パザン シヤン
Ce n'est pas un chien.
これは犬ではありません。

動詞が母音や無音のhで始まる場合は
n'+動詞+pas

英語の I don't like dogs.(私は犬が好きではありません。)のように,数えられる名詞を好き(好きではない)という場合は chiens のように名詞は複数形にします。そのとき,冠詞も忘れずに複数形の les にしましょう。〈→p.30〉

基本練習

答えは132ページ

■ 否定文に書きかえましょう。

(1) Il est anglais.

anglais：イギリス人（男）

(2) C'est mon dictionnaire.

dictionnaire：辞書

(3) Je joue au tennis.

jouer au：〜をする

(4) Nous connaissons son nom.

connaissons：知っている（connaître の活用）　nom：名前

(5) Aiko habite chez ses parents.

chez：〜の家に

■ フランス語にしましょう。

(6) 私（男）は学生ではありません。

学生：étudiant

(7) 私は虫が好きではありません。

虫：les insectes

(8) 父はテレビを見ません。

見る：regarder　テレビ：la télévision

14 否定文のつくり方 ②

否定文②

次の肯定文と否定文を見てください。

> ジェ アン パラプリュイ
> J'ai un parapluie.
> 私は傘を持っています。
>
> ジュ ネ パ ドゥ パラプリュイ
> Je n'ai pas de parapluie.
> 私は傘を持っていません。

ne, pas 以外の変化に気がつきましたか。肯定文の中の不定冠詞 un が，否定文では de になっていますね。不定冠詞の **un, une, des** がある場合，否定文では **de** になります。

部分冠詞の **du, de la, de l'** も，同じように **de** になります。

> ジュ ボワ デュ レ ル マタン
> Je bois du lait le matin.
> 私は朝牛乳を飲みます。
>
> ジュ ヌ ボワ パ ドゥ レ ル マタン
> Je ne bois pas de lait le matin.
> 私は朝牛乳を飲みません。

不定冠詞は「1つの，いくつかの」，部分冠詞は「いくらかの」といった意味でしたね。これを，「少しの〜も（〜）ない」というニュアンスの否定文にしたいときだけ，un, une, des, du, de la, de l' を否定の冠詞の de にします。英語でいえば，some が any になるような感じです。de は母音や無音の h で始まる語の前ではエリジオンし，d' となります。

ただし être を使った文では，否定の冠詞である de が使われることはありません。

✗ Ce n'est pas ~~de~~ cinéma.
○ Ce n'est pas un cinéma.
 ス ネ パ アン シネマ
 ↑ être のときは de にしない！

また，定冠詞の le, la, les は否定文でもそのまま使われます。

✗ Il n'aime pas ~~de~~ musique.
○ Il n'aime pas la musique.
 イル ネム パ ラ ミュジック
 ↑ le, la, les のときも de にしない！

基本練習

答えは132ページ

■ 否定文に書きかえましょう。

(1) Elle a une sœur.
   エラ　ユヌ　スール

------

(2) Il mange du poisson.
   イル　マンジュ　デュ　プワソン

------

mange：食べる（manger の活用）　poisson：魚

(3) C'est le portable de Jean.
   セ　ル　ポルターブル　ドゥ　ジャン

------

portable：携帯電話　de：〜の

(4) J'aime le thé.
   ジェム　ル　テ

------

(5) Il y a de l'argent.
   イリヤ　ドゥ　ラルジャン

------

de l'argent：お金

■ フランス語にしましょう。

(6) 私はコンピューターを持っていません。

コンピューター：ordinateur（男）

(7) 私は米を食べません。

米：riz（男）

15 疑問文のつくり方 ①

疑問文①

フランス語の疑問文のつくり方は3つあります。

1つ目は，そのまま**文末に「？」**をつける方法です。発音するときは，文末のイントネーションを上げます（↗）。この疑問文は日常生活でよく使います。

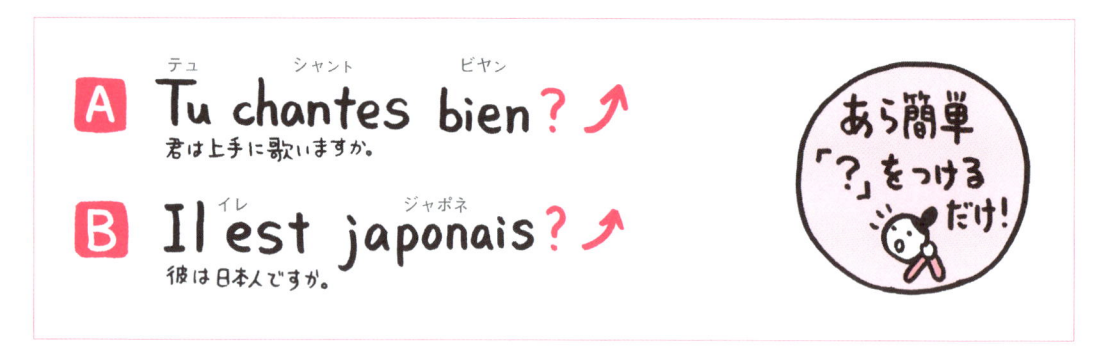

A Tu chantes bien? ↗
君は上手に歌いますか。

B Il est japonais? ↗
彼は日本人ですか。

あら簡単「？」をつけるだけ！

2つ目は，**文頭に Est-ce que** をつける方法です。この疑問文は，会話で，相手に対する質問であることを明確に示すために使います。

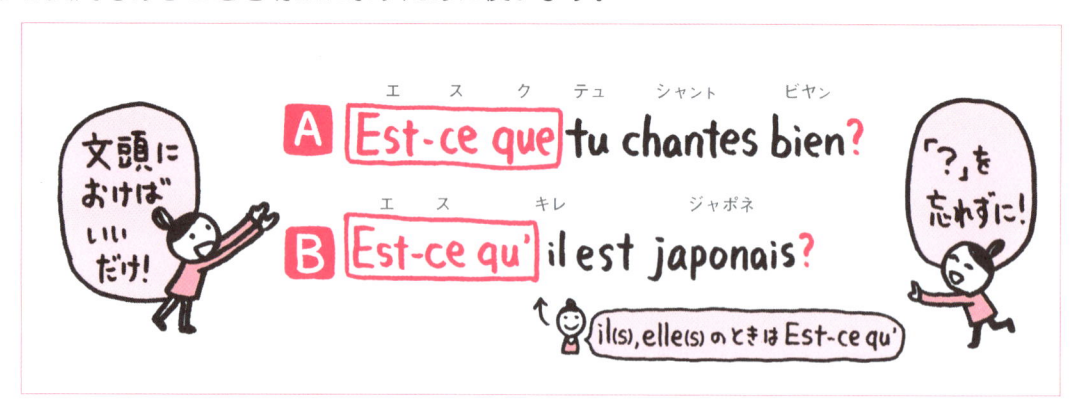

A Est-ce que tu chantes bien?

B Est-ce qu' il est japonais?

文頭におけばいいだけ！

「？」を忘れずに！

il(s), elle(s) のときは Est-ce qu'

あとに続く語が il, elle など母音で始まる場合は，**Est-ce qu'** になります。

これらの疑問文には，oui（はい）か non（いいえ）で答えます。

A への答え方
はい Oui, je chante bien.
いいえ Non, je ne chante pas bien.

B への答え方
はい Oui, il est japonais.
いいえ Non, il n'est pas japonais.

Oui, je chante. や Non, il n'est pas. などと答えることはできません。動詞に続く目的語や補語などを最後まで言いましょう。

基本練習

答えは132ページ

■ 2つの疑問文に書きかえましょう。

(例) Tu es étudiante.
　　テュ　エ　エテュディヤント

① Tu es étudiante?
　テュ　エ　エテュディヤント
② Est-ce que tu es étudiante?
　エ ス ク テュ エ エテュディヤント

(1) Vous avez sommeil.
　　ヴザヴェ　　ソメィユ
　　　　　　　眠気

①
②

(2) C'est ton livre.
　　セ　トン　リーヴル
　　　　　本

①
②

(3) Elle aime le basket.
　　エレム　ル　バスケット
　　　　　　バスケットボール

①
②

■ Est-ce que を使った疑問文にしましょう。
　そのあとで，その質問に①はいと②いいえで答えましょう。

(4) 彼らはアメリカ人ですか。

アメリカ人：américains（男・複）

①
②

(5) 君は英語を話しますか。

英語：anglais

①
②

16 疑問文のつくり方 ②

疑問文②

今回は，3つ目の疑問文のつくり方です。この疑問文は，文を書くときによく使われ，**主語と動詞を入れ替え，トレ・デュニオン（ー）でつなぎます。（倒置）**

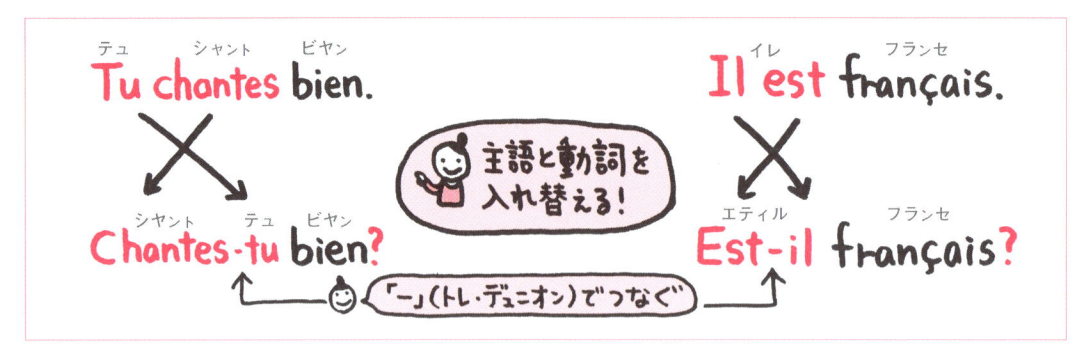

```
Tu chantes bien.          Il est français.
    ×         主語と動詞を      ×
              入れ替える！
Chantes-tu bien?          Est-il français?
     「ー」（トレ・デュニオン）でつなぐ
```

答え方は，前回と同じく，oui, non を使います。

次に，主語が名詞の場合を見てみましょう。

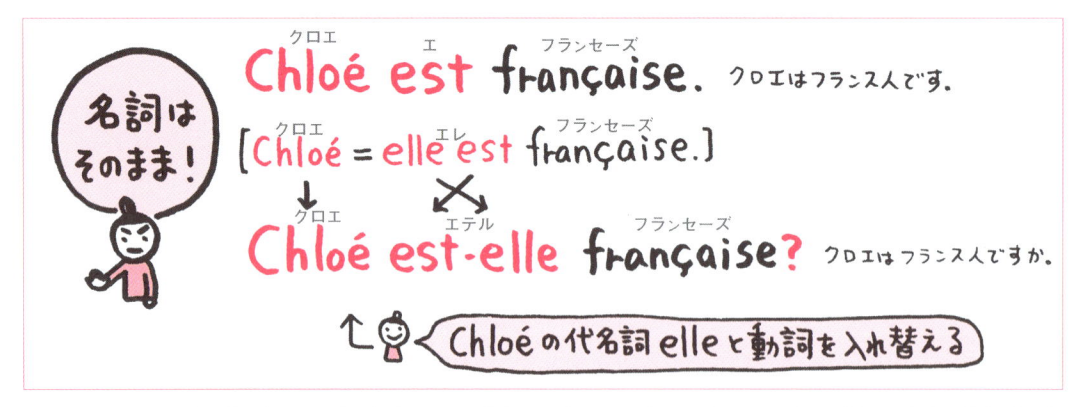

```
名詞は        Chloé est française.  クロエはフランス人です。
そのまま！    [Chloé = elle est française.]
              ↓      ×
              Chloé est-elle française?  クロエはフランス人ですか。
                  Chloé の代名詞 elle と動詞を入れ替える
```

主語が名詞の場合はそのまま文頭に残し，主語である名詞の性・数に合わせた代名詞を，動詞と入れ替えます。

主語が il, elle で，-er 動詞（il parle など），avoir（il a），aller（il va→p.52）のときは，語順を入れ替えて A-il のようにしてしまうと母音が重なって発音しにくいので，動詞と主語（代名詞）の間に **t** をはさみます。

```
Elle a un chat.
彼女はねこを飼っています。
    ×
A-t-elle un chat?
彼女はねこを飼っていますか。
```

主語が il, elle で，動詞が -er 動詞，avoir, aller のときは「t」をはさむ！

基本練習

答えは132ページ

■ 倒置の疑問文に書きかえましょう。

(1) Il a faim.

avoir faim：お腹がすいている

(2) Vous êtes libre ce soir.

libre：暇な　ce soir：今夜

(3) Tu parles bien français.

(4) Marie est occupée.

occupée：忙しい（女）

(5) Ce supermarché ferme le dimanche.

supermarché：スーパーマーケット（男）　ferme：閉める（fermer の活用）　dimanche：日曜

■ 倒置の疑問文を使ってフランス語にしましょう。

(6) 君（男）は疲れていますか。

疲れている：fatigué（男）

(7) 大樹（Daiki）は今日着きますか。

　　　　　　　　　　　　　　　　　　aujourd'hui?
　　　　　　　　　　　　　　　　　　今日
着く：arriver

(8) 彼女らはマンションに住んでいますか。

　　　　　　　　　　　　　　　dans un appartement?
　　　　　　　　　　　　　　　マンションに
住む：habiter

復習テスト

否定文，疑問文

得点 /100点

答えは132ページ
答え合わせが終わったら，CDに合わせてフランス語を音読しましょう。 CD 27

1 次の（　）内から適するものを選び，○で囲みましょう。　【各4点　計12点】

(1) Chloé (ne est / n'est / est ne) pas ma voisine.
（クロエは私の隣人ではありません。）

(2) Nous n'avons pas (un / du / de) lait .
（私たちはミルクがありません。）

(3) Il n'aime pas (un / le / de) rock.
（彼はロック〈音楽〉が好きではありません。）

2 次の日本文をフランス語にしましょう。(3)(4)は倒置の疑問文にしましょう。　【各10点　計40点】

(1) 彼は（彼の）お母さんを手伝いません。

手伝う：aider

(2) 私たちにはいとこ（男）がいません。

いとこ：cousins（男・複）

(3) ポール（Paul）はコーヒーが好きですか。

(4) 由香（Yuka）と美樹（Miki）はピアノを弾きますか。

〜と…：〜 et …　ピアノを弾く：jouer du piano

3 次の文を3つの疑問文に書きかえましょう。そのあと（　）内の内容で答えるフランス語を書きましょう。　　　　　　　　　　　　　　　　【各6点　計48点】

(1) Vous êtes japonaise.　あなたは日本人（女）です。
　　　ウゼット　ジャポネーズ

　　① _____

　　② _____

　　③ _____

　（はい）_____

(2) Il a une voiture.　彼は車を1台持っています。
　　イラ　ユヌ　ヴワテュール

　　① _____

　　② _____

　　③ _____

　（いいえ）_____

いろいろな否定文

否定文は ne, pas で動詞をはさみましたが，pas をほかのものにかえて，少しちがった意味の否定文をつくることもできます。

□ ne ～ jamais（けっして～ない）
　Il ne regarde jamais la télévision.　（彼はけっしてテレビを見ない。）
　イル ヌ ルガルド ジャメ ラ テレヴィジオン

□ ne ～ plus（もはや～ない）
　Nous ne fumons plus.　（私たちはもう（もはや）たばこを吸わない。）
　ヌ ヌ フュモン プリュ

□ ne ～ que（～しかない）
　Je n'ai que 10 euros.　（私は10ユーロしか持っていない。）
　ジュ ネ ク ディズーロ

ステップアップ

go, come にあたる動詞

17 aller/venirの使い方

今まで一般動詞のavoirと-er動詞を学びましたが，一般動詞はまだほかにもたくさんあります。今回は，英語のgo（行く）にあたる動詞のaller，come（来る）にあたる動詞のvenirです。

> Je **vais** au cinéma.（ジュ ヴェ オ シネマ）行く
> 映画行くけど一緒に来る？

> Tu **viens** avec moi?（テュ ヴィヤン アヴェック ムワ）来る
> 行こーかなー

原形allerは-er動詞の形をしていますが，活用はまったくちがいます。

では，それぞれの活用を見てみましょう。

確認しよう！ allerの活用（アレ）

- je vais（ジュ ヴェ）
- tu vas（テュ ヴァ）
- il/elle va（イル エル ヴァ）　←同じ発音
- nous allons（ヌザロン）
- vous allez（ヴザレ）
- ils/elles vont（イル エル ヴォン）

venirの活用（ヴニール）

- je viens（ジュ ヴィヤン）
- tu viens（テュ ヴィヤン）
- il/elle vient（イル エル ヴィヤン）　←同じ発音
- nous venons（ヌ ヴノン）
- vous venez（ヴ ヴネ）
- ils/elles viennent（イル エル ヴィエンヌ）

venirの発音は少し難しいので，声に出してしっかり覚えておきましょう。

あいさつのところで勉強したVous allez bien?を思い出してください。allerが使われていますね。

allerは**健康状態**や**気分，調子**を表すときにも使われます。

> Vous allez bien?（ヴザレ ビヤン）
> お元気ですか？

> Je vais bien.（ジュ ヴェ ビヤン）
> 元気です。

基本練習

答えは133ページ

■ aller, venir のうち，あてはまる動詞を適する形にかえて□に書きましょう。

(1) 私は12月にカナダに行きます。
Je □ au Canada en décembre.

(2) 彼は今日の午後私の家に来ます。
Il □ chez moi cet après-midi.

(3) あなたはポールと一緒にパーティーに来ますか。
Vous □ à la fête avec Paul?

(4) 恵子は今夜サッカーの試合に行きません。
Keiko ne □ pas au match de football ce soir.

(5) お元気ですか。
Vous □ bien?

■ フランス語にしましょう。

(6) 君は毎回地下鉄で来るね。
_____ à chaque fois.
地下鉄で：en métro　　　　　　　　　　　毎回

(7) 私たちは今月イタリアに行きます。
_____ ce mois-ci.
イタリアに：en Italie　　　　　　　　　　今月

(8) 彼女たちは中国から来ます。
_____
中国から：de Chine

18 -irで終わる動詞

規則的に活用する -ir 動詞

以前に勉強した -er 動詞と同じように，語尾が規則的に変化する動詞として，**finir**（終わる）など，**-ir で終わる動詞**があります。（venir は規則的な -ir 動詞に該当しません。）

> ル フィルム フィニ ア トルワズール
> **Le film finit à trois heures.**
> 終わる 映画は3時に終わります。
>
> そのあとお茶でもしない？ いいねー

では，さっそく活用を見てみましょう。

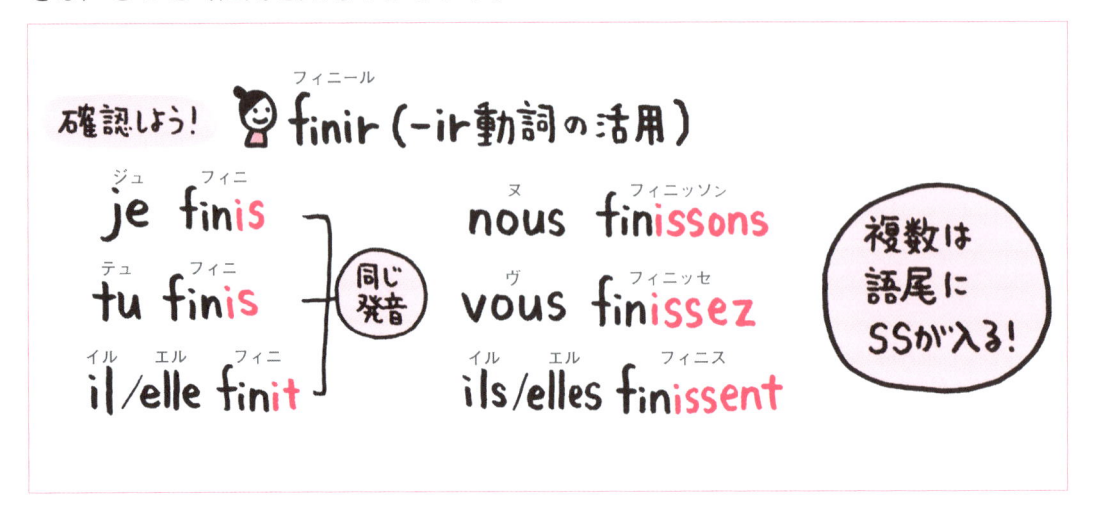

確認しよう！ フィニール **finir（-ir 動詞の活用）**

ジュ フィニ	ヌ フィニッソン
je fin**is**	nous fin**issons**
テュ フィニ	ヴ フィニッセ
tu fin**is**	vous fin**issez**
イル エル フィニ	イル エル フィニス
il/elle fin**it**	ils/elles fin**issent**

je, tu, il/elle は同じ発音

複数は語尾に SS が入る！

nous, vous, ils, elles の複数になると，**ss** が入るのが特徴です。また，je, tu, il, elle はすべて同じ発音になります。

同じ活用の仕方をする -ir で終わる動詞に，**choisir**（選ぶ）（ショワジール）や **réussir**（成功する）（レユシール）などがあります。

-ir で終わる動詞に，**partir**（出発する）（パルティール）や **ouvrir**（開ける）（ウヴリール）がありますが，これらはまた別の活用をします。巻末の活用表で確認しましょう。〈→p.128〉

基本練習

答えは133ページ

■ (　) 内の動詞を適する形にかえて□に書きましょう。

(1) この試合は2時に終わります。
Ce match _____ à deux heures.　(finir)

(2) あなたは試験に合格します。
Vous _____ votre examen.　(réussir)

(3) 君がワインを選んでくれますか。
Tu _____ le vin?　(choisir)

(4) 私は夕食前に宿題を終えます。
Je _____ mes devoirs avant le dîner.　(finir)

(5) 彼らの計画は成功しません。
Leur projet ne _____ pas.　(réussir)

■ フランス語にしましょう。

(6) 私たちは仕事を正午に終えます。
_____ à midi.
(私たちの) 仕事：notre travail

(7) 彼はアンヌへのプレゼントを選んでいます。
_____
アンヌへのプレゼント：un cadeau pour Anne

19 faireの使い方

make や do にあたる動詞

英語の make（作る）や do（する）などにあたる動詞に **faire** があります。まずは，使われ方を見てみましょう。

make
ジュ フェ アン ガトー
Je fais un gâteau.
私はケーキを作ります。

do
ジュ フェ アン ヴヮィヤージュ
Je fais un voyage.
私は旅行をします。

do
ジュ フェ デュ スポール
Je fais du sport.
私はスポーツをします。

炊事，洗濯など家庭で毎日行う仕事，活動，スポーツを表すときによく使います。

このほか，**天候や寒暖**を表すときにも使われます。このとき主語には **il** を使います。英語の It's sunny.（晴れています。）の主語 it と同じで，意味はありません。

イル フェ ボー
Il fait beau.
天気がいいね。

イル フェ フロワ
Il fait froid.
寒いわ。

天候や寒暖を言うときは Il fait 〜. で！

では，活用を見ていきましょう。nous faisons の発音に気をつけましょう。

確認しよう！ faire(フェール)の活用

ジュ je	フェ fais	\} 同じ発音	ヌ nous	フゾン faisons
テュ tu	フェ fais		ヴ vous	フェット faites
イル エル il/elle	フェ fait		イル エル ils/elles	フォン font

基本練習

答えは133ページ

■ faire を適する形にかえて □ に書きましょう。

(1) あなたはスーパーマーケットで買い物をしますか。
　　Vous _____ des courses au supermarché?

(2) 彼らはときどき料理をします。
　　Ils _____ la cuisine de temps en temps.

(3) 母は土曜日に洗濯をします。
　　Ma mère _____ la lessive le samedi.

(4) 日本の9月は暑いです。
　　Il _____ chaud en septembre au Japon.

(5) 私たちは犬と一緒に散歩します。
　　Nous _____ une promenade avec notre chien.

■ フランス語にしましょう。

(6) 私はウォーキングをします。
　　_____
　　ウォーキング：de la marche

(7) 君は休日に家事をしますか。
　　_____ les jours de congé?
　　家事：le ménage

(8) 今日は天気がいいです。
　　Aujourd'hui, _____

復習テスト

得点 ／100点

答えは133ページ
答え合わせが終わったら，CDに合わせてフランス語を音読しましょう。

CD 31

aller, venir, -irで終わる動詞, faireの文

1 次の（ ）内から適するものを選び，○で囲みましょう。 【各5点 計20点】

(1) Je (vas / vais / va) au match de base-ball.

(2) Nous (finissons / finissez / finissent) notre examen à midi.

(3) Julie et Paul (va / venez / viennent) chez moi ce soir.

(4) Tu (fais / fait / font) des courses?

2 適する動詞を右から選び，適する形にして□に書きましょう。 【各6点 計30点】

(1) 料理を選んでいただけますか。
Vous □ un plat?

(2) 私はスポーツをします。
Je □ du sport.

(3) トマは私の家に来ます。
Thomas □ chez moi.

(4) あなたはよく図書館へ行きますか。
Vous □ souvent à la bibliothèque?

(5) 今日は天気がよいです。
Il □ beau aujourd'hui.

faire
aller
venir
choisir

3 次の日本文をフランス語にしましょう。　【各10点　計50点】

(1) 授業は15時に終わります。

授業：le cours　15時に：à quinze heures

(2) 彼はフランスに行きません。

フランスに：en France

(3) 今日は暑いです。

暑い：chaud

(4) 彼女はアメリカから来ます。

アメリカから：des États-Unis

(5) 私たちは自分たちのやり方で成功します。

自分たちのやり方で：grâce à notre méthode

---

faire の便利な表現

これまでに勉強した以外にも、faire の便利な表現をチェックしておきましょう。

- ☐ faire la vaisselle（皿を洗う）
- ☐ faire sa toilette（身づくろいする）
- ☐ faire attention（注意する）
- ☐ faire ses devoirs（宿題をする）
- ☐ Il fait frais.（すずしい。）
- ☐ Ça fait combien ?（おいくらですか。）
- ☐ Qu'est-ce que vous faites?
  （あなたは何をしていますか。→職業は何ですか。）

ステップアップ

20 「いつ?」とたずねる文

疑問副詞 quand

「はい」か「いいえ」を聞き出すための疑問文を思い出してください〈→p.46〉。例えば,「明日到着しますか。」とたずねるとき,たずね方は3通りありましたね。

- 〈その1〉 Tu arrives demain? ←ふつうの文の終わりに「?」をつける
- 〈その2〉 Est-ce que tu arrives demain? ← Est-ce que(qu')を文頭につける
- 〈その3〉 Arrives-tu demain? ←主語と動詞を入れ替え,「-」でつなぐ

今回は,「いつ(到着しますか)?」と具体的な情報を聞き出すための疑問文について勉強しましょう。「いつ」を表す疑問副詞 quand を使います。英語の when ですね。たずね方は同じく3通りあります。

1つ目は,〈その1〉の「時」を表す demain を quand に差し替えるだけです。

〈その1〉 Tu arrives demain? → Tu arrives quand? (quand いつ)

2つ目と3つ目は,〈その2〉〈その3〉の文頭に quand をおくだけです。

- 〈その2〉 Quand est-ce que tu arrives ~~demain~~?
- 〈その3〉 Quand arrives-tu ~~demain~~?

Quand est-ce que は,quand と est の e がリエゾンして「カンテスク」と発音されます。

quand を使ったこの質問には,oui, non ではなく,次のように具体的な「時」を答えます。

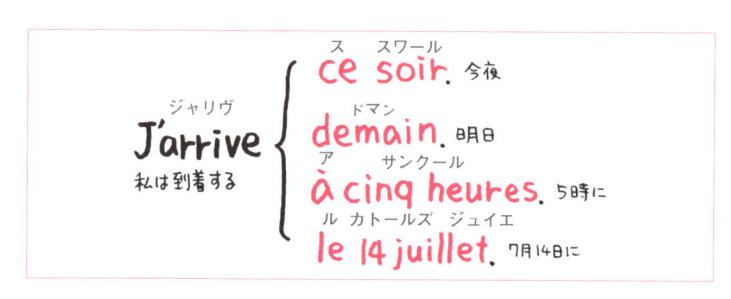

J'arrive (私は到着する) {
- ce soir. 今夜
- demain. 明日
- à cinq heures. 5時に
- le 14 juillet. 7月14日に
}

基本練習

答えは133ページ

■ 下線部をたずねる３つの疑問文に書きかえましょう。

(1) Tu vas au cinéma le samedi.　君は土曜日に映画館に行きます。
　　　　　　　　　　　　　　　　　　　cinéma：映画館　samedi：土曜日

　① _____
　② _____
　③ _____

(2) Ils partent le 20 mars.　彼らは３月20日に出発します。
　　　　　　　　　　　　　partent：出発する（partirの活用）　mars：３月

　① _____
　② _____
　③ _____

■ フランス語にしましょう。(3)は倒置の疑問文にしましょう。
　そのあとで，（　）内の語を使ってその質問に答えましょう。

(3) あなたはいつ日本に来ますか。　（来月：le mois prochain）

　　日本に：au Japon

　　答え→ _____

(4) 列車はいつ到着しますか。　（10時に：à dix heures）

　　列車：le train

　　答え→ _____

21 「どこ？」とたずねる文

疑問副詞 où

「どこ？」とたずねるときは，疑問副詞 **où** を使います。英語の where にあたります。

疑問文のつくり方は quand のときと同じです。3つのパターンを見てみましょう。

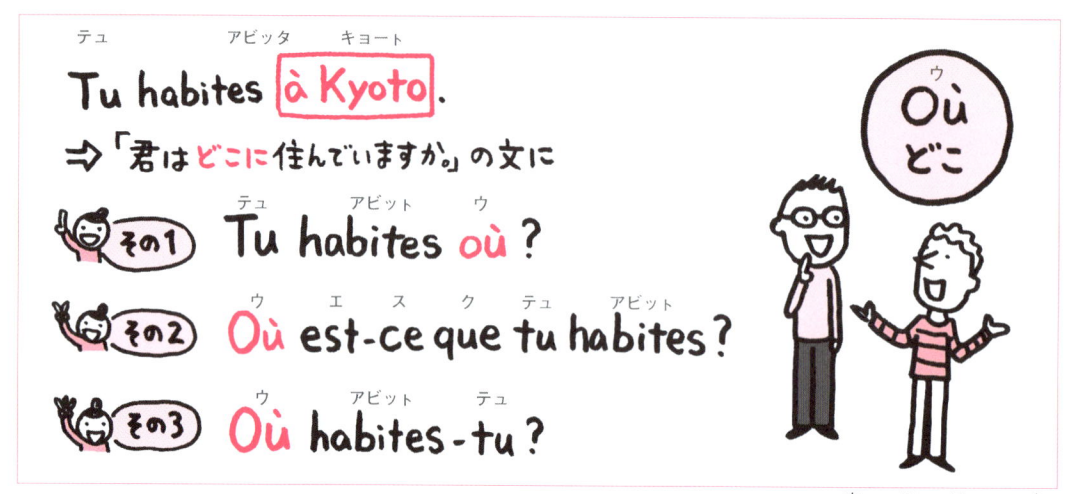

Tu habites à Kyoto.
⇒「君はどこに住んでいますか。」の文に

その1　Tu habites où ?
その2　Où est-ce que tu habites ?
その3　Où habites-tu ?

ただし est-ce que を使う疑問文で動詞が être の場合は，Où est-ce qu'est l'ecole?（その学校はどこですか。）と動詞は主語の前に置きます。

où を使った質問には，次のように「場所」を答えます。

J'habite { à Tokyo. 東京に / en France. フランスに }

「〜はどこですか。」と道をたずねるときも où を使います。

Où est la gare, s'il vous plaît ?
駅はどこですか。

Tournez à gauche, et allez tout droit.
左に曲がって，まっすぐ行ってください。

基本練習

答えは133ページ

■ 下線部をたずねる3つの疑問文に書きかえましょう。

(1) Les toilettes sont au sous-sol.　トイレは地下1階です。
　　レ　トワレット　ソント　オ　スソル
　　　トイレ　　　　　　　地下1階

　① _____
　② _____
　③ _____

(2) Elle va à Osaka.　彼女は大阪に行きます。
　　エル ヴァ ア オーサカ

　① _____
　② _____
　③ _____

■ フランス語にしましょう。(3)は倒置の疑問文にしましょう。そのあとで，(　)内の語を使ってその質問に答えましょう。

(3) あなたはどこで働いていますか。　（神戸で：à Kobe）
　　　　　　　　　　　　　　　　　　　　　　　ア　コーベ

　_____

　答え→ _____

(4) 郵便局はどこですか。　（右に曲がる：à droite）
　　　　　　　　　　　　　　　　　　　　ア ドルワット

　_____
　郵便局：la poste

　答え→ _____
　　　　曲がる：tourner

22 「なぜ？」とたずねる文

疑問副詞 pourquoi

「なぜ？」とたずねるときは，疑問副詞 **pourquoi** を使います。英語の why ですね。

疑問文のつくり方は quand や où のときと同じです。3つのパターンを見てみましょう。

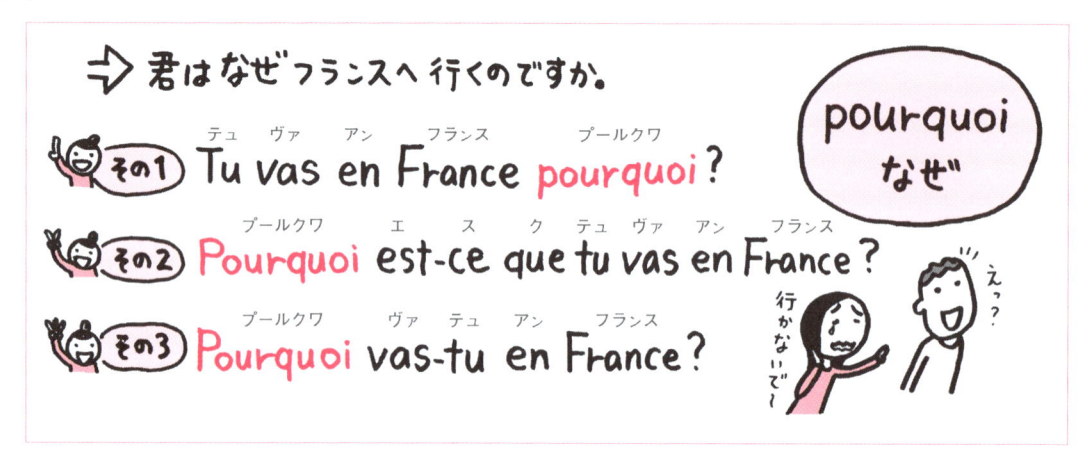

➡ 君はなぜフランスへ行くのですか。

その1　Tu vas en France pourquoi ?
その2　Pourquoi est-ce que tu vas en France ?
その3　Pourquoi vas-tu en France ?

pourquoi　なぜ

pourquoi の質問に対して理由を答えるときは，**Parce que 〜.**（〜なので，〜だから）を使います。英語の Why 〜 ? − Because 〜. と同じです。

Tu vas en France pourquoi ?
なぜフランスへ行くの？

Parce que j'aime la cuisine française.
フランス料理が好きだから。

parce que のあとは，ふつうの文がきます。

基本練習

答えは134ページ

■ 「なぜ？」とたずねる3つの疑問文に書きかえましょう。

(1) Vous pleurez.　あなたは泣いています。
　　ヴ　プルーレ

　① _____
　　pleurez：泣く（pleurer の活用）

　② _____

　③ _____

(2) Elle étudie le français.　彼女はフランス語を学んでいます。
　　エレテュディ　ル　フランセ

　① _____

　② _____

　③ _____

■ 倒置の疑問文にしましょう。
　そのあとで，その質問の答えをフランス語にしましょう。

(3) 君はなぜ春が好きなのですか。→桜の花が好きだからです。
　　　　　　　　　　　　　　　　春：le printemps　桜の花：les fleurs de cerisier

　_____

　→ _____

(4) なぜ彼は怒っているのですか。→健二（Kenji）が遅いからです。
　　　　　　　　　　　　　　　　怒っている：être fâché　遅い：en retard

　_____

　→ _____

23 「どのように？」とたずねる文

疑問副詞 comment

quand, où, pourquoi という疑問副詞を学習しましたが，このほかにも **comment** という疑問副詞があります。

commentは **「どのように？」** とたずねるときに使います。英語の how にあたります。疑問文のつくり方は今までと同じです。3つのパターンと答え方を見てみましょう。

> 彼はどうやって大学へ来ますか。
>
> その1　Il vient à l'université comment ?
> その2　Comment est-ce qu'il vient à l'université ?
> その3　Comment vient-il à l'université ?
>
> comment どのように
>
> バスで来るよ〜
>
> Il vient à l'université en bus.

あいさつのところで勉強した Vous allez bien ?（お元気ですか。）は comment を使って表すこともできます。

> Comment allez-vous ?
> お元気ですか。
> Je vais bien.
> 元気です。
>
> Comment t'appelles-tu ?
> 名前は？
> Je m'appelle Miki.
> 私の名前は美紀です。

相手の名前をたずねるときにも comment を使い，Comment vous appelez-vous ?（お名前は何とおっしゃいますか。），Comment t'appelles-tu ?（名前は？）などと言います。

基本練習

答えは134ページ

■ 下部をたずねる3つの疑問文に書きかえましょう。

(1) Elle parle gaiement.　彼女は楽しそうに話します。
　　　　　　　楽しそうに

　① _____
　② _____
　③ _____

(2) Le film est intéressant.　映画はおもしろいです。
　　　映画

　① _____
　② _____
　③ _____

■ 倒置の疑問文にしましょう。
　そのあとで，（　）内の語を使ってその質問に答えましょう。

(3) 君はどのようにしておばあちゃんの家に行きますか。（新幹線で：en Shinkansen）

　君のおばあちゃんの家に：chez ta grand-mère

　答え→ _____

(4) （あなたは）ごきげんいかがですか。（元気です：bien）

　_____

　答え→ _____

24 値段や数をたずねる文

疑問副詞 combien

「いくら？」と値段をたずねるときは，疑問副詞 **combien** を使います。英語の how much にあたります。疑問文のつくり方はこれまでと同じです。答え方とあわせて見てみましょう。

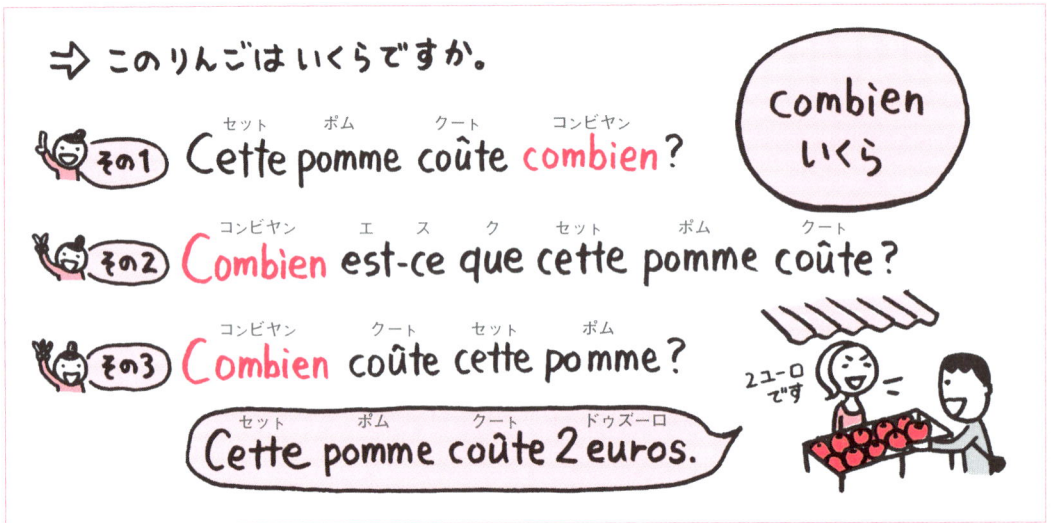

> ➡ このりんごは いくらですか。
>
> **その1** Cette pomme coûte combien ?
> （セット ポム クート コンビヤン）
>
> combien ＝ いくら
>
> **その2** Combien est-ce que cette pomme coûte ?
> （コンビヤン エ ス ク セット ポム クート）
>
> **その3** Combien coûte cette pomme ?
> （コンビヤン クート セット ポム）
>
> 2ユーロです
>
> Cette pomme coûte 2 euros.
> （セット ポム クート ドゥズーロ）

店で，買いたいものを指して「これはいくらですか。」とたずねるときは，C'est combien? と言います。

> C'est combien ?
> （セ コンビヤン）
> これ いくら？
>
> 5ユーロです。
> C'est 5 euros.
> （セ サンクーロ）

「いくつの〜」と数をたずねるときは，combien のあとに de＋名詞の複数形をおきます。英語の how many 〜 にあたります。de は母音や無音の h で始まる語の前ではエリジオンし，d' となります。

> combien de ＋
> 名詞の複数形〜？
> いくつの〜
>
> 数をたずねる
>
> 冠詞はつけないよ
>
> Combien de pommes as-tu ?
> （コンビヤン ドゥ ポム ア テュ）
> いくつのりんごを 君は持っていますか。
>
> J'ai sept pommes.
> （ジェ セット ポム）
> 7つです。

答えるときは，J'ai sept. のように略さず，pommes まで入れて J'ai sept pommes. と言います。

基本練習

答えは134ページ

■ 下線部をたずねる 3 つの疑問文に書きかえましょう。

(1) Ce jean coûte 20 euros.　このジーンズは20ユーロです。
（ス　ジーン　クート　ヴァントゥーロ／ジーンズ）

① _____

② _____

③ _____

■ フランス語にしましょう。
そのあとで，（　）内の語を使ってその質問に答えましょう。

(2) これはいくらですか。（8ユーロ：8 euros）ユィットゥーロ

_____

答え→ _____

(3) 彼はいくつ携帯電話を持っていますか。（3つ：trois）トルワ

_____
携帯電話：portable

答え→ _____

(4) （あなたは）ご兄弟は何人ですか。（2人：deux）ドゥー

_____
兄弟：frères

答え→ _____

復習テスト

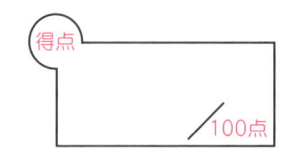

答えは134ページ
答え合わせが終わったら、CDに合わせてフランス語を音読しましょう。

CD 37

いろいろな疑問副詞

1 次の□に入る語として適するものを下から選び、（　）に記号を書きましょう。
【各5点 計25点】

(1) Tu vas au restaurant _____ ? – Je vais au restaurant en bus. (　)
   テュ ヴァ オ レストラン／ジュ ヴェ オ レストラン アン ビュス

(2) Tu vas _____ ? – Je vais à Kyoto. (　)
   テュ ヴァ／ジュ ヴェ ア キョート

(3) _____ de sœurs as-tu? – J'ai trois sœurs. (　)
   ドゥ スール ア テュ／ジェ トロワ スール

(4) Tu pars _____ ? – Je pars demain. (　)
   テュ パール／ジュ パール ドゥマン

(5) _____ pleures-tu? – Parce que j'ai mal à la tête. (　)
   プルール テュ／パルス ク ジェ マラ ラ テット

| ア combien | イ comment | ウ pourquoi | エ quand | オ où |

2 次の（　）内の語句を並べかえて、正しい文にしましょう。必要に応じてトレ・デュニオン (-) を入れましょう。
【各5点 計20点】

(1) (que / vous / est / où / ce / habitez) ?
   ク ヴ エ ウ ス アビテ

_____

(2) (de / as / parapluies / combien / tu) ?
   ドゥ ア パラプリュイ コンビヤン テュ

_____

(3) (ton / est / comment / copain) ?
   トン エ コマン コパン

_____

copain：彼氏

(4) (que / tu / à Paris / ce / pourquoi / est / vas) ?
   ク テュ ア パリ ス プールクワ エ ヴァ

_____

3 次の日本語を倒置を使ったフランス語の文章にしましょう。 【各11点 計55点】

(1) 彼はどのように歌いますか。

　..

(2) あなたはいつ料理をしますか。

　..

(3) このコンピューターはいくらですか。

　..

　コンピューター：ordinateur（男）

(4) なぜ彼女は犬が好きなのですか。

　..

(5) 駅はどこですか。

　.., s'il vous plaît?
　　　　　　　　　　　　　　　　　　　　　　　　　　　スィル　ヴ　プレ

「いつから？」「どこから？」と聞くとき

「いつから？」と聞くときは，quand（いつ）の前に depuis（〜から：英語でいえば since）という前置詞を置きます。前置詞と疑問副詞をセットで使いましょう。

・Depuis quand est-ce que vous habitez en France?
　ドゥピュイ　カン　エ　ス　ク　ヴザビテ　アン　フランス

・Vous habitez en France depuis quand?
　ヴザビテ　アン　フランス　ドゥピュイ　カン
　（あなたはいつからフランスに住んでいますか。）

「どこから？」と聞くときは，où（どこ）の前に de（〜から：英語でいえば from）という前置詞を置きます。こちらも，前置詞と疑問副詞をセットで使いましょう。エリジオンに気をつけてください。

・D'où viens-tu?
　ドゥ　ヴィヤン　テュ

・Tu viens d'où?
　テュ　ヴィヤン　ドゥ
　（どこから来たの？／どちらの出身ですか？）

ステップアップ

25 「どの？」「どんな？」とたずねる文

疑問形容詞 quel

CD 38

「どの？」や「どんな？」とたずねるときは**疑問形容詞 quel** を使います。英語の what, which にあたります。まず，例文を見てみましょう。

> Quel pays aimes-tu?（男・単）
> ケル ペイ エム テュ
> どの国が好き？
>
> J'aime le Japon.
> ジェム ル ジャポン
> 日本だよ。

quel のあとに名詞をおくことで，「どの国」「どの俳優」などと聞くことができます。quel は，疑問形容詞という形容詞の仲間なので，**名詞の性や数**に合わせて形が変化します。pays は男性名詞の単数なので quel を使いました。

ちがう性・数のときは右のように変化します。これまでに出てきた名詞や形容詞の性・数の変化とよく似ていますね。

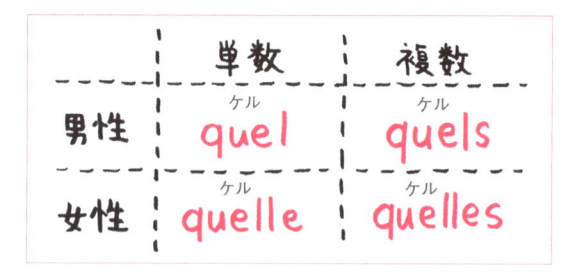

	単数	複数
男性	quel（ケル）	quels（ケル）
女性	quelle（ケル）	quelles（ケル）

疑問形容詞を使って「～は何ですか。」「～はどれですか。」「～はだれですか。」と疑問代名詞のように使うこともできます。**疑問形容詞＋être＋主語**の順です。**主語の性や数**に合わせて形が変化します。

> 疑問形容詞＋être＋主語？
> 「～は何ですか」
>
> Quelle est votre adresse?
> ケレ ヴォートル アドレス
> あなたの住所は何ですか。
>
> Mon adresse, c'est….
> モナドレス セ
> 私の住所は…。

注意したいのは，疑問形容詞の主語は名詞に限られるので，「これは何ですか」とたずねたいとき Quel est-ce? とは言いません。Qu'est-ce que c'est? と言います。〈→p.78〉
ケ ス ク セ

基本練習

答えは135ページ

■ quel, quelle, quels, quelles のうち，適する形を□に書きましょう。

(1) あなたの靴はどれですか。

　　[　　　] sont vos chaussures?
　　　　　　　　　　　靴（女・複）

(2) 君のお気に入りの歌手はだれですか。

　　[　　　] est ton chanteur préféré?
　　　　　　　歌手（男・単）　　お気に入り

(3) 君はどの新聞を読みますか。

　　[　　　] journaux lis-tu?
　　　　　　新聞（男・複）　lire（読む）の活用

(4) 今日は何日ですか。

　　[　　　] est la date, aujourd'hui?
　　　　　　　　日にち（女・単）

■ フランス語にしましょう。

(5) あなたは何語を勉強していますか。

　　言語：langue（女・単）

(6) あなたの職業は何ですか。

　　職業：métier（男）

(7) 彼女はどんな携帯電話を持っていますか。

　　携帯電話：portable（男・単）

26 「何歳？」とたずねる文

疑問形容詞 quel âge
CD 39

「どの？」「どんな？」とたずねるときは疑問形容詞 quel を性数に合わせて変化させて使いましたね。**「何歳？」** と年齢をたずねる場合にも使います。「歳」を表す名詞 âge（男性・単数）を使って，**Quel âge ～?** でたずねます。

Quel âge avez-vous? (ケラージュ アヴェ ヴ) おいくつですか？
Quel âge～? 何歳？

ここでは動詞にも注目してください。年齢をいうときの動詞は avoir です。親しい相手には，Quel âge as-tu? (ケラージュ ア テュ) とたずねます。

答えるときも，もちろん avoir で答えます。

答え方
J'ai vingt ans. (ジェ ヴァンタン) 複数形 20歳です。
J'ai soixante ans. (ジェ スワサンタン) 60歳です！かんれき!! 複数形

答えるときに注意したいのは，「～歳」というときの名詞 **an**（年，歳）です。同じ「歳」ですが，たずねるときは âge，答えるときは an（1歳のとき）や ans を使います。

フランス語の数は少し難しいです。1～16までを覚えたらあとは基本的に足し算の発想です。

21，31，41，51のときは，〈et un〉になり，22，32，42，52以降は1桁の数字（deux～neuf）をハイフン (-) でつなぎます。
〈くわしくは→p.124〉

アン un 1	ドゥー deux 2	トルワ trois 3	カトル quatre 4	サンク cinq 5
シス six 6	セット sept 7	ユイット huit 8	ヌフ neuf 9	ディス dix 10
オンズ onze 11	ドゥーズ douze 12	トレーズ treize 13	カトールズ quatorze 14	カンズ quinze 15
セーズ seize 16	ディセット dix-sept 17	ディズュイット dix-huit 18	ディズヌフ dix-neuf 19	ヴァン vingt 20
ヴァンテ アン vingt et un 21	ヴァントドゥー vingt-deux 22	ヴァントトルワ vingt-trois 23		
トラント trente 30	カラント quarante 40	サンカント cinquante 50	スワサント soixante 60	

基本練習

答えは135ページ

■ フランス語にしましょう。

(1) 3 [　　　　　]　　(2) 12 [　　　　　]

(3) 15 [　　　　　]　　(4) 19 [　　　　　]

(5) 24 [　　　　　]　　(6) 41 [　　　　　]

(7) 57 [　　　　　]　　(8) 60 [　　　　　]

■ フランス語にしましょう。
そのあとで，（　）内の語を使ってその質問に答えましょう。

(9) 君は何歳ですか。　（8）

　　　　　　　　　　　　　　　　　

　答え→　　　　　　　　　　　　　

(10) あなたは何歳ですか。　（36）

　　　　　　　　　　　　　　　　　

　答え→

27 「何時？」とたずねる文

疑問形容詞 quelle heure

「何時？」と時間をたずねる場合も，疑問形容詞 quel を使います。「時刻」を表す名詞 heure（女性・単数）を使って，**Quelle heure est-il?** とたずねます。

```
Quelle heure est-il?   il を使うのが
ケルーレティル          ポイント
何時ですか？
                       Il est une heure.
                       イレ    ユヌール
                       えっと… 1時です。

Quelle heure～?
何時？
```

英語で What time is it ? と時刻をたずねる文では，主語として it が使われ，この it には特に意味はありませんでしたね。フランス語では，**il** がこの it にあたります。

答えるときも il を使い，**Il est ～ heure (s).** となります。heure は女性名詞なので，1時のときは une を使います。2時や3時など，複数になると heures となりますが，Il est ～. の形は変わりません。

```
✗ Ils sont deux heures.
○ Il est deux heures.
  イレ     ドゥズール
  複数だけど Il est～.
```

何時何分と言いたいときを見てみましょう。15分，30分，45分は決まった言い方があります。

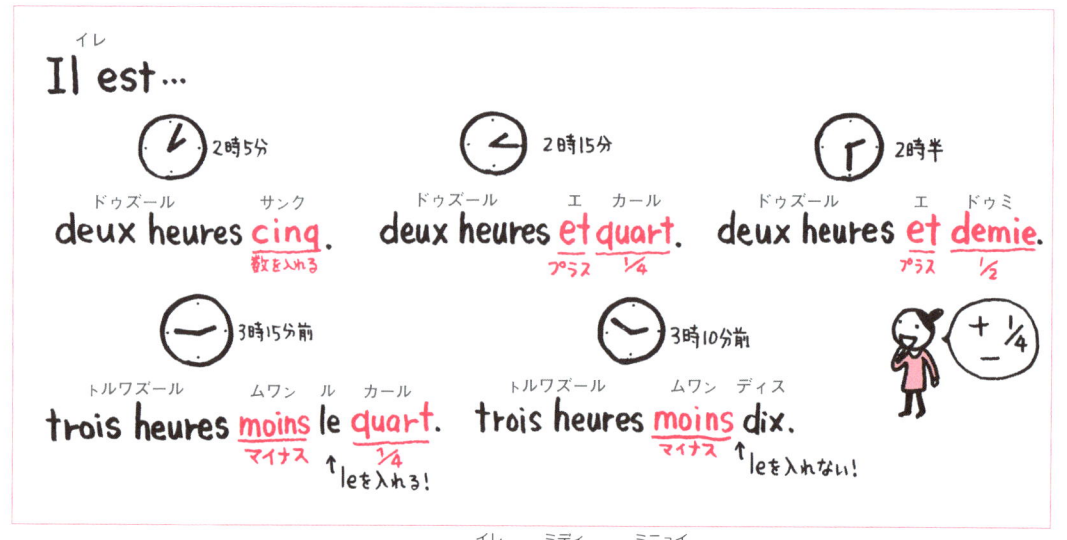

```
Il est…
イレ

2時5分          2時15分              2時半
ドゥズール サンク  ドゥズール エ カール   ドゥズール エ ドゥミ
deux heures cinq.  deux heures et quart.  deux heures et demie.
          数を入れる        プラス  1/4           プラス  1/2

3時15分前            3時10分前
トルワズール ムワン ル カール    トルワズール ムワン ディス     + 1/4
trois heures moins le quart.  trois heures moins dix.     - 1/4
            マイナス   1/4              マイナス
                  ↑ le を入れる!              ↑ le を入れない!
```

昼（夜）の12時と言いたいときは，**Il est midi (minuit).** となります。
イレ ミディ   ミニュイ

基本練習

答えは135ページ

■ フランス語にしましょう。
　そのあとで，(2)〜(9)の場合の答えを書きましょう。

(1) 何時ですか。

(2) 9:00

(3) 12:55（1時5分前）

(4) 4:00

(5) 7:45（8時15分前）

(6) 11:00

(7) 7:30

(8) 10:15

(9) （昼の）12:00

28 「何？」「だれ？」とたずねる文

疑問代名詞 que と qui

今まで「どの？」「どんな？」など quel を使った疑問文を学習しました。今回は，疑問代名詞 **que**（何）と **qui**（だれ）を使った疑問文を見てみましょう。

「これ（あれ）は何ですか。」とたずねるときは，Qu'est-ce que c'est? と Que を Qu' にして使います。英語の What's this〔that〕? にあたります。

> Qu'est-ce que c'est?（ケ ス ク セ）
> これは何ですか？
>
> C'est de l'anti-moustique.（セ ドゥ ランティムスティック）
> 蚊取り線香だよ。

この質問には，C'est 〜.（これ（あれ）は〜です）で答えます。複数形のときは Ce sont 〜. で答えます。

「何をしていますか。」とたずねるときも，**Qu'est-ce que** を使います。

> Qu'est-ce que tu fais?（ケ ス ク テュ フェ）
> 何してるの？
>
> Je cherche mon stylo.（ジュ シェルシュ モン スティロ）
> ペン探してるの。

英語の do にあたる動詞の faire（する，作る）と一緒に使います。

「だれ？」とたずねるときは，**qui** で文を始めます。英語の who にあたります。「これ（あれ）はだれですか。」は，Qui est-ce? になります。

この質問にも，C'est 〜.（これ〈こちら〉は〜です）で答えます。

> Qui est-ce?（キ エ ス）
> だれ？
>
> C'est Paul.（セ ポール）
> ポールだよ。

078

基本練習

答えは135ページ

■ フランス語にしましょう。

(1) これは何ですか。
　_____

(2) あれはだれですか。
　_____

(3) 君は今夜何をしますか。
　_____ **ce soir?**
　　　　　　　　　　　　　　　　ス スワール
　　　　　　　　　　　　　　　　今夜

(4) あなたは人生で何をしていますか。（→あなたの職業は何ですか。）
　_____ **dans la vie?**
　　　　　　　　　　　　　　　　ダン ラ ヴィ
　　　　　　　　　　　　　　　　人生で

■ 次の質問にフランス語で答えましょう。（　）内の内容で答えてください。

(5) **Qu'est-ce que c'est?** （→ホテルです。）
　　　ケ　ス　ク　セ

　_____
　ホテル：hôtel（男）

(6) **Qui est-ce?** （→私たちの先生です。）
　　　キ　エ　ス

　_____
　先生：professeur

復習テスト

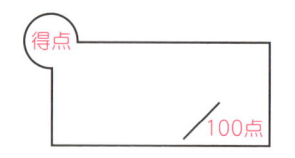

得点 /100点

答えは135ページ
答え合わせが終わったら、CDに合わせてフランス語を音読しましょう。 CD 42

疑問形容詞 quel，疑問代名詞 que と qui

1 次の質問の答えとして適するものを右から選び，(　)に記号を書きましょう。
【各5点 計20点】

(1) Quelle heure est-il?　(　)
　　ケルーレティル

(2) Qui est-ce?　(　)
　　キ エ ス

(3) Qu'est-ce que c'est?　(　)
　　ケ ス ク セ

(4) Quel âge a-t-il?　(　)
　　ケラージュ アティル

ア　C'est du thé.
　　セ デュ テ
イ　C'est Anne.
　　セ アンヌ
ウ　Il a trente ans.
　　イラ トランタン
エ　Il est trois heures.
　　イレ トルワズール

2 次の(　)内の語句を並べかえて、正しい文にしましょう。必要に応じて、トレ・デュニオン (-) やエリジオンを使いましょう。
【各5点 計20点】

(1) (films / vous / quels / aimez) ?
　　フィルム ヴ ケル エメ

_____

(2) (qu'est / vie / faites / que / dans / vous / la / ce) ?
　　ケ ヴィ フェット ク ダン ヴ ラ ス

_____

(3) (préférée / est / quelle / actrice / ton) ?
　　プレフェレ エ ケル アクトリス トン

actrice：女優

_____

(4) (achète / que / il / qu'est / ce) ?
　　アシェット ク イル ケ ス

achète：買う（acheter の活用）

_____

080

3 次の日本文をフランス語にしましょう。 【各10点 計60点】

(1) 君は何のスポーツが好きですか。

　スポーツ：sports（男・複）

(2) あなたは何歳ですか。

(3) 何時ですか。

(4) 5時15分前です。

(5) 10時半です。

(6) 今日は何日ですか。

　日にち：la date　今日：aujourd'hui

「あなたの〜は何ですか」と聞くとき

疑問形容詞を使って「あなたの〜は何ですか」と相手に尋ねる言いかたを紹介します。

- Quel est votre nom?（あなたの名前は何ですか。）
  　ケレ　ヴォートル　ノム
- Quelle est votre date de naissance?（あなたの生年月日は何ですか。）
  　ケレ　ヴォートル　ダット　ドゥ　ネッサンス
- Quelle est votre adresse?（あなたの住所は何ですか。）
  　ケレ　ヴォートル　アドレス
- Quel est votre métier?（あなたの職業は何ですか。）
  　ケレ　ヴォートル　メティエ
- Quel est votre film préféré?（あなたの好きな映画は何ですか。）
  　ケレ　ヴォートル　フィルム　プレフェレ
- Quel est votre sport préféré?（あなたの好きなスポーツは何ですか。）
  　ケレ　ヴォートル　スポール　プレフェレ

ステップアップ

29 前置詞の使い方

前置詞

CD 43

「東京に住む」は habiter à Tokyo です。この à のように，名詞（ここでは Tokyo）の前に置くことばを「**前置詞**」といいます。よく使われる前置詞 **à** と **de** を見てみましょう。

- habiter à Tokyo　東京に住む（都市名）
- aller à Paris　パリへ(に)行く（都市名）
- à deux heures　2時に
- le sac de Yuki　由紀のかばん
- venir de Kyoto　京都から来る（都市名）

à は英語の in, to や at, de は of や from に似ているよ。

de は母音や無音の h で始まる語の前ではエリジオンし，d' となるので気をつけましょう。

なお，à や de のあとに，le や les がくるときは形が変わります。ただし，l'hôtel などエリジオンしている場合は，エリジオンが優先です。

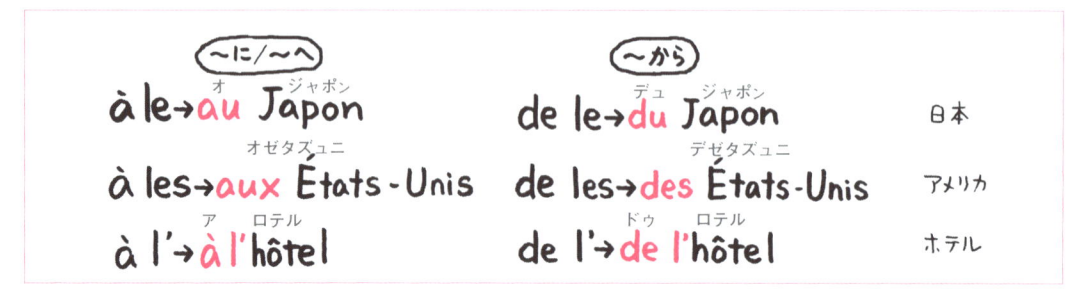

〜に／〜へ
- à le → au Japon
- à les → aux États-Unis
- à l' → à l'hôtel

〜から
- de le → du Japon
- de les → des États-Unis
- de l' → de l'hôtel

日本／アメリカ／ホテル

国名は Japon のように男性名詞の国のときは，au や du（複数形は aux と des）を使いますが，France など女性名詞や母音で始まる男性名詞の国のときは **en** France（フランスに），**de** France（フランスから）のようになります。

ほかに，次のような前置詞を覚えておくと，表現の幅が大きく広がります。

- sur la table　テーブルの上に
- pour Yuki　由紀への（のための）
- avec moi　私と一緒に

基本練習

答えは135ページ

■ 適する前置詞を☐に書きましょう。

(1) 子どもたちは２時に学校から帰ります。
Les enfants rentrent ☐ l'école ☐ deux heures.

(2) テーブルの上の本はマリーのためのものです。
Le livre ☐ la table est ☐ Marie.

(3) ポールは家族と一緒に日本に住んでいます。
Paul habite ☐ Japon ☐ sa famille.

(4) 私は子どもの絵が好きです。
J'aime les dessins ☐ enfants.

(5) 君はお父さんとアメリカへ行きますか。
Tu vas ☐ États-Unis ☐ ton père?

■ フランス語にしましょう。

(6) あなたは今年京都に行きますか。

　　　　　　　　　　　　　　　　　cette année?

(7) 彼らは東京の出身です。

〜の出身である：être de 〜

30 「〜しなさい」

命令文①

英語で Stand up.（立ちなさい。）など，「〜しなさい」という文（命令文）では，主語を使わずにいきなり**動詞**で文を始めましたね。フランス語も同じです。

（主語は不要 vous / Regardez! ごらんなさい！ / 動詞で文を始めれば命令文）

動詞に注目してください。動詞は原形のままでなく，**vous** の活用を使います。

s'il vous plaît を文末に加えると，命令の調子をやわらげることができます。s'il vous plaît は，「どうぞ（〜してください）」という意味です。

Regardez, s'il vous plaît.
（コンマをつける／どうぞごらんください！）

tu に対する命令文もあります。

-er 動詞と **aller**（行く）は注意が必要です。tu の活用は regardes や vas ですが，命令文のときは，Regarde！（見て！）や Va！（行きなさい！）と最後のsがなくなります。

また，**être** と **avoir** を使った命令文は，特殊な活用になります。

	vous に対して	tu に対して	
être	Soyez tranquille(s).	Sois tranquille.	安心してください。
avoir	Ayez du courage.	Aie du courage.	がんばってください。（勇気をもってください。）

基本練習

答えは136ページ

■ 次の動詞を，(　)の人称に対する命令文の形にして□に書きましょう。

(1) お母さんへのプレゼントを選びなさい。（vous）
choisir → □ un cadeau pour votre mère.

(2) ご安心してください。（vous / 単）
être → □ tranquille.

(3) ドアを閉めてください。（vous）
fermer → □ la porte, s'il vous plaît.
閉める　　　　　　　ドア

(4) すぐに大樹に電話をしなさい！（tu）
téléphoner → □ à Daiki immédiatement!
すぐに，直ちに

(5) 宿題を終わらせなさい！（tu）
finir → □ tes devoirs.
宿題

■ フランス語にしましょう。ただし，vous に対する命令文にしましょう。

(6) がんばってください。

----

(7) どうぞゆっくり話してください。

ゆっくり : lentement

(8) 料理をしてください。

料理 : la cuisine

31 「〜しましょう」「〜しないで」

命令文② Let's 〜. と Don't 〜. にあたる文

「〜しなさい」「〜してください」の命令文は，動詞で文を始めればいいのでしたね。「〜しましょう」と誘ったり，提案したりするときも同じです。ただし，今回は nous の活用を使います。英語のように Let's のような語句をつける必要はありません。

主語は不要

Chantons. (シャントン)
歌いましょう。

「〜しましょう」

この場合の être と avoir の特殊な活用形は次の通りです。

être　Soyons amis!（ソワィヨン アミ）
なかよくしましょう！

avoir　Ayons du courage!（エィヨン デュ クラージュ）
がんばりましょう！

「〜しないで」と言いたいときは，p.84で習った vous と tu の活用を使った命令文の動詞を ne, pas ではさみましょう。

Ne chantez pas.（ヌ シャンテ パ）
歌わないでください。

Ne chante pas.（ヌ シャント パ）
歌わないで！

ne と pas ではさむ

基本練習

答えは136ページ

■ 次の動詞を,「〜しましょう」という文の形にして□に書きましょう。

(1) 彼のペンを探しましょう。
   シェルシェ
   chercher → □ son stylo.
                  ソン スティロ
                      ペン

(2) 庭で夕飯をしましょう。
   ディネ
   dîner → □ dans le jardin.
              ダン ル ジャルダン

(3) 今日テニスをしましょう。
   ジュエ
   jouer → □ au tennis aujourd'hui.
              オ テニス オージュルデュイ

(4) がんばりましょう。
   アヴワール
   avoir → □ du courage.
              デュ クラージュ

■ フランス語にしましょう。ただし,(7)は vous に対する命令文にしましょう。

(5) 図書館に行きましょう。

   図書館：la bibliothèque

(6) なかよくしましょう。

(7) たばこを吸わないでください！

   たばこを吸う：fumer

復習テスト

得点 ／100点

答えは136ページ
答え合わせが終わったら，CDに合わせてフランス語を音読しましょう。 CD 46

前置詞，命令文

1 次の（ ）内から適するものを選び，○で囲みましょう。 【各6点 計30点】

(1) Je vais (à / de) Okinawa en juillet.（私は7月に沖縄に行きます。）

(2) Elle vient (à / de) Sapporo.（彼女は札幌から来ます。）

(3) C'est le vélo (à / au / du) voisin.（これは隣の人の自転車です。）

(4) Choisissez des fleurs (sur / pour / à) Aiko.（愛子のための花を選びなさい。）

(5) Allons (à / au / du) cinéma.（映画館へ行きましょう。）

2 右から動詞を選び，適する形にかえて，□に書きましょう。 【各5点 計20点】

(1) がんばりましょう！
　□ du courage.

(2) （君に対して）安心して！
　□ tranquille!

(3) テレビを見ましょう。
　□ la télévision.

(4) （あなたに対して）ニコラに私の住所を渡さないで。
　Ne □ pas mon adresse à Nicolas.

avoir
regarder
donner
être

3 次の日本文をフランス語にしましょう。　　　　　【各10点　計50点】

(1) アメリカに行きましょう。

　　　　　　　　　　　　　　　　　　　　　　　　　　
　アメリカ：les États-Unis

(2) テーブルの上にノートがあります。

　　　　　　　　　　　　　　　　　　　　　　　　　　
　〜があります。：Il y a 〜．　ノート：un cahier

(3) （君に対して）教室では食べないでね。

　　　　　　　　　　　　　　　　　　　　　　　　　　
　教室で：dans la classe

(4) （あなたに対して）窓を閉めてください。

　　　　　　　　　　　　　　　　　　　　　　　　　　
　窓：la fenêtre

(5) スポーツをしましょう。

　　　　　　　　　　　　　　　　　　　　　　　　　　
　スポーツ：du sport

よく使う命令や勧誘の表現

よく使われる命令や勧誘の表現を，そのまま覚えてしまいましょう。
- Asseyez-vous.（おかけください。）　・Allons-y.（さあやりましょう。）
- Allez-y！（さあやってください！）
- Excusez-moi.（すみません〈私を許してください〉）。

「人々」や「私たち」という意味の on を主語にした文は「〜しましょう。」「〜しませんか。」という意味になり，話し言葉でよく使われます。動詞の活用は il や elle のときと同じです。
- On y va.（さあ行こう。）
- On va au café?（カフェに行きませんか。）

ステップアップ

32 「君を」「それを」など

目的語になる人称代名詞①

今回は、「だれだれ**を**」の意味で使われる代名詞を学習します。英語のme, you, him, her, it, us, them にあたります。

me, te, le, la は母音または無音のhで始まる語の前でエリジオンして、m', t', l', l' になります。

また、le, la, les は、「それを」「それらを」と**物**について言うときにも使えます。

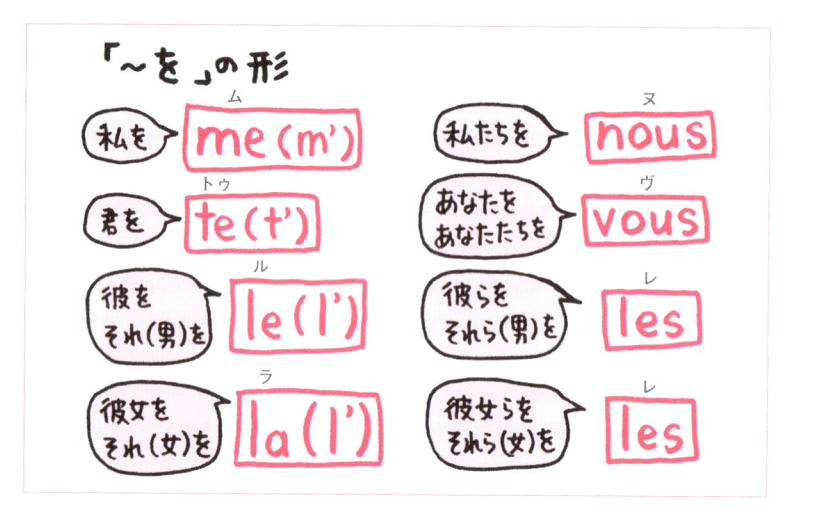

「〜を」の形

私を → me (m') ム	私たちを → nous ヌ
君を → te (t') トゥ	あなたを あなたたちを → vous ヴ
彼を それ(男)を → le (l') ル	彼らを それら(男)を → les レ
彼女を それ(女)を → la (l') ラ	彼女らを それら(女)を → les レ

これらの人称代名詞を使うときは、語順に気をつけましょう。

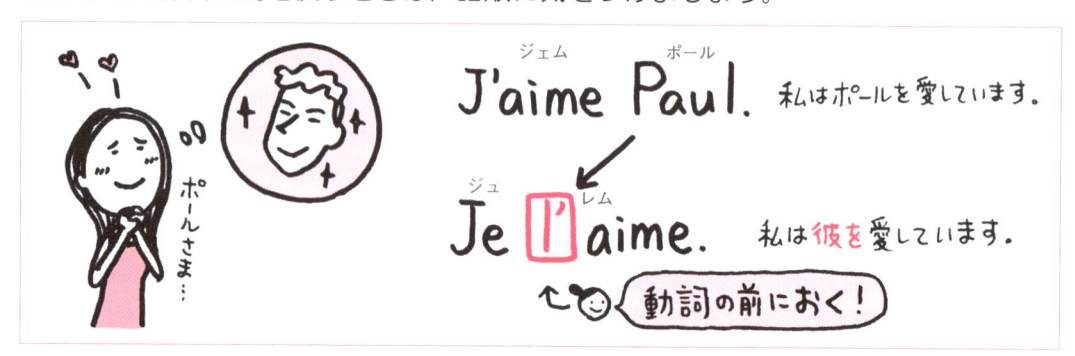

J'aime Paul. 私はポールを愛しています。
ジェム　ポール

Je l'aime. 私は**彼を**愛しています。
ジュ　レム

動詞の前におく!

英語では I love him. と動詞の後ろにおきますが、フランス語は動詞の**前**におきます。

否定文は右のように代名詞と動詞を ne, pas ではさみます。
(J'aime Paul. の否定文は Je n'aime pas Paul. でしたね。)

Je ne l'aime pas.
ジュ　ヌ　レム　パ

ne, pas ではさむ

基本練習

答えは136ページ

■ 下線部を代名詞にして書き換えましょう。

(1) Je parle <u>français</u>.　　　français：フランス語（男）

　　＿＿＿＿＿＿＿＿＿＿＿＿＿＿＿＿＿＿＿＿＿＿＿＿＿

(2) Nous cherchons <u>Miki et Daiki</u>.　　cherchons：探す（chercher の活用）

　　＿＿＿＿＿＿＿＿＿＿＿＿＿＿＿＿＿＿＿＿＿＿＿＿＿

■ 適切な代名詞を □ に書きましょう。

(3) あなたは彼を知っていますか。
　　Vous □ connaissez?　　知る（connaître の活用）

(4) 私は君を愛しています。
　　Je □ aime.

(5) 彼は私（の言うこと）を聞きません。
　　Il ne □ écoute pas.

(6) ルブラン氏はその歌が好きです。彼はいつもそれを歌います。
　　Monsieur Leblanc aime cette chanson. Il
　　□ chante toujours.　　歌う(chanter の活用) いつも

(7) この問題は難しいです。私たちはそれを理解できません。
　　Ce problème est difficile. Nous ne □
　　comprenons pas.
　　理解する（comprendre の活用）

目的語になる人称代名詞②

33 「君に」「彼に」など

今回は,「だれだれに」の意味で使われる代名詞を学習します。

英語の場合,「だれだれを」と「だれだれに」は同じ形でしたね。

英語 では… I love him. 私は彼を愛している。
I said to him. 私は彼に言った。
どちらも him

フランス語では,同じ形とちがう形があります。

「彼に」「彼女に」は **lui** に,「彼らに」「彼女らに」は **leur** になります。

lui や leur は物について言うときには使えません。

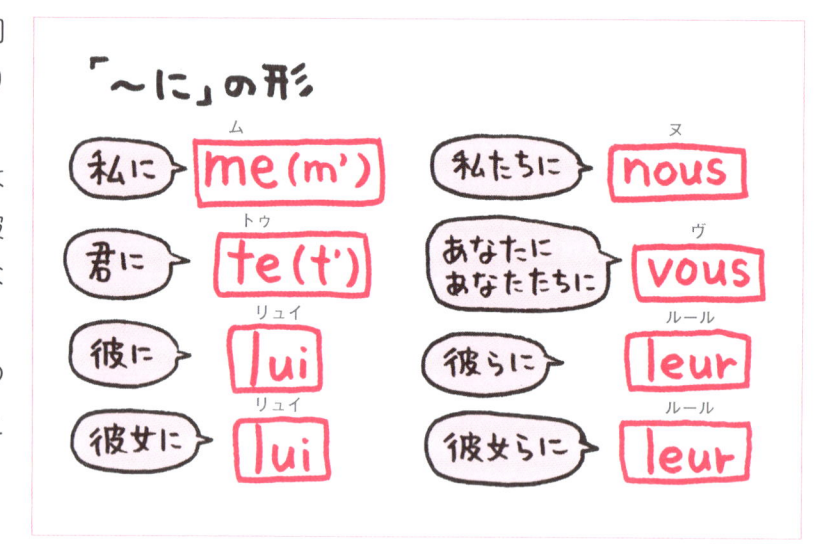

「〜に」の形

私に	me (m') ム	私たちに	nous ヌ
君に	te (t') トゥ	あなたに あなたたちに	vous ヴ
彼に	lui リュイ	彼らに	leur ルール
彼女に	lui リュイ	彼女らに	leur ルール

語順は「だれだれを」と同じで,動詞の**前**におきます。ここでのポイントは,「だれだれに」は **à+名詞** にあたるということです。

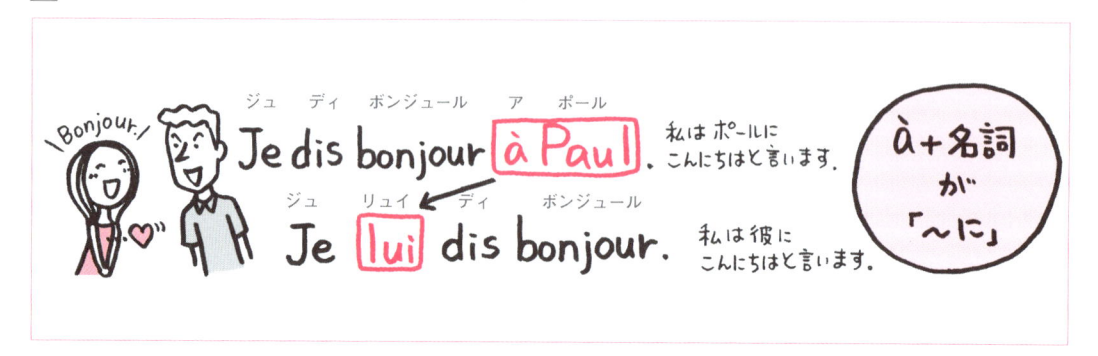

Bonjour!
Je dis bonjour à Paul. 私はポールにこんにちはと言います。
ジュ ディ ボンジュール ア ポール

Je lui dis bonjour. 私は彼にこんにちはと言います。
ジュ リュイ ディ ボンジュール

à+名詞 が 「〜に」

否定文のつくり方は,「だれだれを」のときと同じで,ne pas で代名詞と動詞をはさみます。上の文であれば,Je ne lui dis pas bonjour. になります。

基本練習

答えは136ページ

■ 下線部を代名詞にして書き換えましょう。

(1) Je parle <u>à Nathalie</u>.

　　_____

(2) Elle téléphone <u>à ses parents</u> tous les soirs.　tous les soirs（毎晩）

　　_____

■ 適切な代名詞を ☐ に書きましょう。

(3) 彼は私たちに毎週手紙を書いてきます。
　　Il ☐ écrit chaque semaine.
　　　　　　　手紙を書く　　　毎週

(4) 私は彼らに時間を聞きます。
　　Je ☐ demande l'heure.
　　　　　　　～を聞く（demander の活用）　時間

(5) 私はこれらの本を君に返します。
　　Je ☐ rends ces livres.
　　　　　　　返す（rendre の活用）

(6) 妻は彼女らに写真を見せません。
　　Ma femme ne ☐ montre pas les photos.
　　　妻　　　　　　　　　見せる（montrer の活用）　写真

(7) 私のねこはのどがかわいています。ミルクをそれ（ねこ）にあげます。
　　Mon chat a soif. Je ☐ donne du lait.
　　　　　　　のどがかわく　　　　　　　　あげる（donner の活用）

093

34 moi, toiなどの使い方

代名詞の強勢形

今までいろいろな人称代名詞を学習しましたね。「彼を愛している」「彼に言う」など動詞と結びついていました。

フランス語には，動詞と結びつかないで独立して使われる人称代名詞もあります。これらを**強勢形**と言います。まとめて見てみましょう。

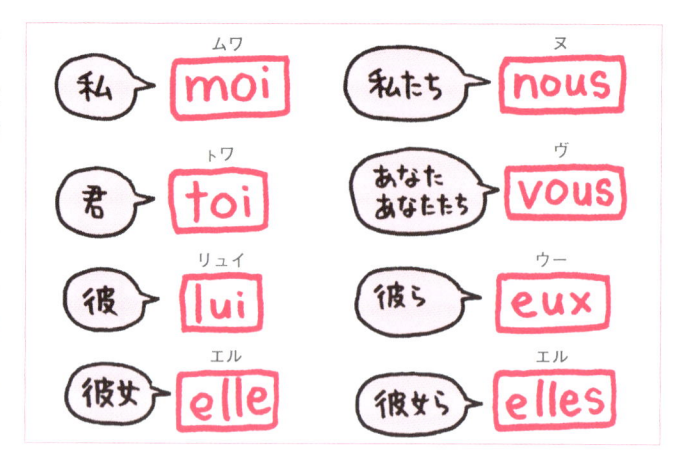

私	moi（ムワ）	私たち	nous（ヌ）
君	toi（トワ）	あなた／あなたたち	vous（ヴ）
彼	lui（リュイ）	彼ら	eux（ウー）
彼女	elle（エル）	彼女ら	elles（エル）

強勢形は，①**前置詞のあとで**，②**動詞がない単独で**，③**文の主語や目的語を強調するとき**に使います。

1 前置詞のあとで
Tu vas au café avec moi?
（テュ ヴァ オ カフェ アヴェック ムワ）
私と一緒にカフェに行く？ — Oui!（ウィ）

2 動詞がない単独で
Je prends un café. Et toi?
（ジュ プラン アン カフェ エ トワ）
私はコーヒー。あなたは？
— Moi aussi.（ムワ オシ）私も。

3 強調したいとき
Moi, je ne mange pas.
（ムワ ジュ ヌ マンジュ パ）
私…私は食べないわ。 ダイエット中…

また，c'est のあとでも使います。

Qui est-ce?（キ エス）だれ？
— C'est moi.（セ ムワ）私よ！

基本練習

答えは136ページ

■ 適切な代名詞を☐に書きましょう。

(1) 彼女と一緒に来てください。
　　Venez avec ☐.

(2) 私（ですが），私はフランスに行きます。
　　☐, je vais en France.

(3) ぼくはテニスをします。君は？
　　Je joue au tennis. Et ☐?

(4) 彼らと一緒に出かけます。
　　Je sors avec ☐.
　　外出する（sortir の活用）

(5) 彼らはフランス語が好きです。私もです。
　　Ils aiment le français. ☐ aussi.
　　　　　　　　　　　　　　　　　　～も

(6) だれですか。－彼だよ。
　　Qui est-ce? – C'est ☐.

復習テスト

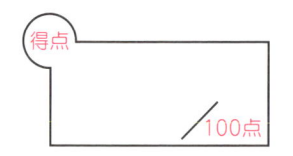

答えは136ページ
答え合わせが終わったら、CD に合わせてフランス語を音読しましょう。 → CD 50

目的語になる人称代名詞，代名詞の強勢形

1 次の（　）内から適するものを選び，○で囲みましょう。　【各6点　計30点】

(1) Tu （le / les / lui） connais ?（君は彼を知っていますか。）　connais：知っている（connaîtreの活用）

(2) Il sort souvent avec （la / lui / elle）.　sort：外出する（sortirの活用）　souvent：しばしば
（彼は彼女としばしば出かけます。）

(3) Nous （te / t' / toi） montrons notre voiture.　montrons：見せる（montrerの活用）
（私たちは君に新しい車を見せます。）

(4) J'aime ces revues.　Je （les / lui / leur） lis le week-end.　revues：雑誌　lis：読む（lireの活用）
（私はこれらの雑誌が好きです。私は週末にそれらを読みます。）

(5) Qui est-ce ? — C'est （me / m' / moi）.
（だれですか。―私です。）

2 次の下線部を代名詞にして書き換えましょう。　【各5点　計15点】

(1) J'écris <u>à mes parents</u> chaque mois.　chaque mois：毎月

---

(2) Takuya appelle <u>son ami</u>.　appelle：〜を呼ぶ（appelerの活用）

---

(3) Elle parle <u>au professeur</u>.

---

3 次の日本文をフランス語にしましょう。 【各11点 計55点】

(1) 彼女は私たちにフランス語を教えています。

教える：enseigner

(2) 彼は彼女たちにさようならを言いません。

言う：dire（dit）　さようなら：au revoir

(3) 私たちはあなたを待ちません。

待つ：attendre（attendons）

(4) 彼女たちは君を招待します。

招待する：inviter

(5) あなた（ですが），あなたはあなたのお母さんに似ていますね。

〜に似る：ressembler à 〜

目的語になる人称代名詞が2つある文

「本をソフィーにあげる」のように目的語が2つある文で，「それを彼女にあげる」と人称代名詞を2つ使う場合，並びはどのようになるでしょう。

まずは，ひとつずつ見てみましょう。

　　ふつうの文　Je donne ce livre à Sophie.（私はこの本をソフィーにあげます。）
　　　「〜を」　Je le donne à Sophie.（私はそれをソフィーにあげます。）　→p.90
　　　「〜に」　Je lui donne ce livre.（私はこの本を彼女にあげます。）　→p.92
　両方が人称代名詞　Je le lui donne.（私はそれを彼女にあげます。）

　ただし，この並びは「〜に」が「彼（彼女）・彼ら（彼女ら）に」の場合です。「あなた（たち）に」，「私（たち）に」の場合は，Je vous le donne.（私はそれをあなたにあげます。）と逆になります。

ステップアップ

35 「〜したい」の vouloir

want to 〜 にあたる動詞

CD 51

英語の want to 〜（〜したい）にあたる動詞 **vouloir** について学習しましょう。まずは，否定文とあわせて見てみます。

　　ジュ　ヴ　　アレ　オ　　ソルド　　　　　　　　ジュ ヌ ヴ パ アレ
　　Je veux aller aux soldes.　　　　　Je ne veux pas aller
　　　　〜したい　原形　　　　　　　　　　　　　　　　　　　　オ　ソルド
　　　　　　　　　　　　　　　　　　　　　　　　　　aux soldes.

セールに行きたい！　　　　　　　　　　　人ごみがきらい！

英語の want to go to 〜（〜へ行きたい）のように，**動詞の前**に vouloir を入れ，あとに続く動詞はいつも**原形**を使います。また，否定文は，vouloir だけを ne, pas ではさめば OK です。

vouloir は右のように活用します。je veux, tu veux, il veut は共に同じ発音です。

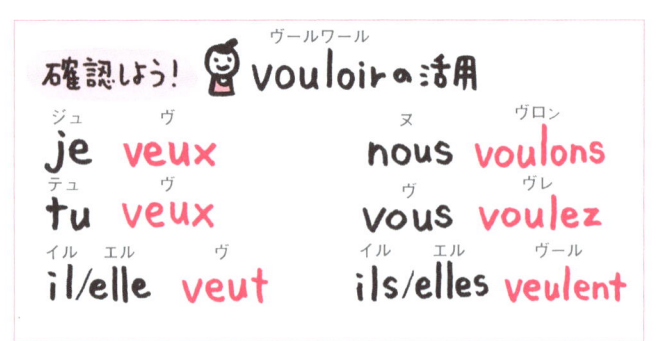

確認しよう！　vouloirの活用
　　　　　　　　　ヴールワール

ジュ　ヴ　　　　　　　　　　ヌ　　ヴロン
je veux　　　　　nous voulons
テュ　ヴ　　　　　　　　　　ヴ　　ヴレ
tu veux　　　　　vous voulez
イル エル ヴ　　　　　　　イル エル ヴール
il/elle veut　　　ils/elles veulent

疑問文は，「〜したいですか。」だけでなく，「**〜しませんか。**」と**誘ったり，頼んだり**する意味にもなります。

テュ　ヴ　アレ　オ　ソルド
Tu veux aller aux soldes?

セールに行かない？　　いいよ　　「〜しませんか」

基本練習

答えは137ページ

■ vouloir を適する形にかえて書きましょう。

(1) 彼女は少し眠りたい。

　　Elle [　　　] dormir un peu.
　　エル　　　　　ドルミール　アン　ブー
　　　　　　　　　眠る　　　　少し

(2) アイスクリームを食べませんか。

　　Tu [　　　] manger de la glace?
　　テュ　　　　マンジェ　ドゥ　ラ　グラス
　　　　　　　　　　　　　アイスクリーム

(3) 私は通訳になりたいです。

　　Je [　　　] être interprète.
　　ジュ　　　　エートル　アンテルプレット
　　　　　　　　　　　　　通訳

(4) 彼らは冷たい紅茶が飲みたい。

　　Ils [　　　] boire du thé glacé.
　　イル　　　　ブワール　デュ　テ　グラセ
　　　　　　　　飲む　　　　　　　冷たい

(5) 一緒に泳ぎませんか。

　　Vous [　　　] nager avec moi?
　　ヴ　　　　　　ナジェ　アヴェック　ムワ
　　　　　　　　　泳ぐ

■ フランス語にしましょう。

(6) 私たちはサッカーをしたい。

　　サッカー：football

(7) 私は歯医者に行きたくありません。

　　歯医者に：chez le dentiste

(8) あなたは今夜私の家に来ませんか。

　　　　　　　　　　　　　　　　　　　ス　スワール
　　-----------------------------　ce soir?
　　私の家に：chez moi　　　　　　　　　今夜

36 「～できる」の pouvoir

can にあたる動詞

CD 52

「**～できる**」と言うときは，**pouvoir** を使います。英語の can にあたります。「速く泳げる」「速く泳げない」を見てみましょう。

ジュ プ ナジェ ヴィット
Je [peux] nager vite.
　　～できる　原形

ジュ ヌ プ パ ナジェ ヴィット
Je ne [peux] pas nager vite.

速く泳げるわ！

オレはムリ…

vouloir と同様に，**動詞の前**に pouvoir を入れます。あとに続く動詞は，いつも**原形**を使います。否定文は，pouvoir を ne, pas ではさめば OK です。

pouvoir は右のように活用します。活用のしかたは vouloir と似ていますね。je peux, tu peux, il peut は共に同じ発音です。

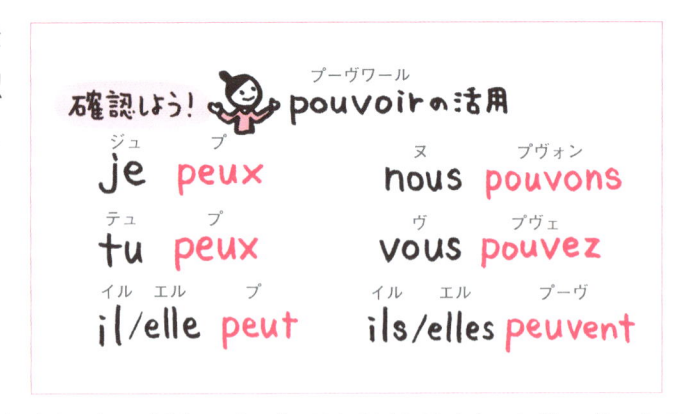

確認しよう！　**pouvoir の活用**

	ブーヴワール		
ジュ プ	je peux	ヌ ブヴォン	nous pouvons
テュ プ	tu peux	ヴ プヴェ	vous pouvez
イル エル プ	il/elle peut	イル エル プーヴ	ils/elles peuvent

pouvoir の疑問文は，「～できますか。」のほか，「**～してもいいですか。**」や，「**～してくれますか。**」と，**許可を求める**ときや**依頼をする**ときにも使えます。英語の Can I ～？や Can you ～？にあたります。

ジュ プ アントレ
Je peux entrer ?

入ってもいい？
ドアを開けてくれる？

テュ プ ウーヴリール
Tu peux ouvrir
ラ ポルト
la porte ?

「～してもいいですか」
「～してくれますか」

基本練習

答えは137ページ

■ pouvoir を適する形にかえて書きましょう。

(1) 彼らは速く走れます。
　　Ils _____ courir vite.

(2) 彼女は今日は外出できません。
　　Elle ne _____ pas sortir aujourd'hui.

(3) 荷物を持ってもらえますか。
　　Vous _____ porter les bagages?

(4) 今ピアノを弾いてもいいですか。
　　Je _____ jouer du piano maintenant?

(5) 私たちは明日スキーができます。
　　Nous _____ faire du ski demain.

(6) あなた（の言うこと）が聞こえません。
　　Je ne _____ pas vous entendre.

■ フランス語にしましょう。

(7) 私の犬は速く泳げます。
　　_____

(8) 私は今話せません。
　　_____ maintenant.

37 「〜しなければならない」の devoir

must にあたる動詞

CD 53

「〜したい」「〜できる」を表す vouloir や pouvoir は動詞の原形の前に入れるのでしたね。同じような形で使われる動詞に **devoir** があります。

devoir は「**〜しなければならない**」という意味です。英語の must にあたります。「君はそれを食べなければなりません。」「君はこれを食べてはいけません。」を見てみましょう。

テュ ドワ マンジェ サ
Tu dois manger ça.
　　〜しなければならない　原形

テュ ヌ ドワ パ マンジェ サ
Tu ne dois pas manger ça.

否定文は，devoir を ne, pas ではさみます。「**〜してはならない**」という禁止の意味になります。

devoir は右のように活用します。vouloir や pouvoir とちがうので，ひとつひとつ覚えましょう。

je dois, tu dois, il doit は同じ発音です。

確認しよう！　devoirの活用

	ドゥヴワール		
ジュ	ドワ	ヌ	ドゥヴォン
je	dois	nous	devons
テュ	ドワ	ヴ	ドゥヴェ
tu	dois	vous	devez
イル エル	ドワ	イル エル	ドワーヴ
il/elle	doit	ils/elles	doivent

基本練習

答えは137ページ

■ devoir を適する形にかえて書きましょう。

(1) 私たちはこの本を読まなければなりません。
　　Nous _____ lire ce livre.

(2) （あなたたちは）授業中におしゃべりしてはいけません。
　　Vous ne _____ pas bavarder en classe.

(3) 大樹は病院に行かなければなりません。
　　Daiki _____ aller à l'hôpital.

(4) （君は）夜中に外出してはいけないよ。
　　Tu ne _____ pas sortir la nuit.

■ フランス語にしましょう。

(5) 私は夜9時まで働かなければなりません。
　　..
　　〜まで：jusqu'à 〜

(6) 彼は今日テレビを見てはいけません。
　　.. aujourd'hui.
　　　　　　　　　　　　　　　　　　　　　　　　　　　　　　今日

復習テスト

得点 /100点

答えは137ページ
答え合わせが終わったら，CDに合わせてフランス語を音読しましょう。 CD 54

vouloir, pouvoir, devoirの文

1 （　）内から適するものを選び，○で囲みましょう。【各5点 計20点】

(1) 彼はピザを4枚食べられます。
Il (peux / peut / peuvent) manger quatre pizzas.

(2) 私たちは旅行がしたいです。
Nous (pouvons / voulons / devons) faire un voyage.

(3) シャワーを浴びてもいいですか。
Je (veux / peux / dois) prendre une douche?

(4) 君はよく勉強しなければならない。
Tu dois (étudie / étudies / étudier) beaucoup.

2 適する動詞を右から選び，活用させて□に書きましょう。【各5点 計20点】

(1) 明かりをつけてくれますか。
Tu ☐ allumer la lumière?

(2) すぐに夕飯を食べたいですか。
Vous ☐ dîner tout de suite?

(3) 私たちはうそをついてはならない。
Nous ne ☐ pas mentir.

(4) 彼はシャツを買いたい。
Il ☐ acheter une chemise.

vouloir
pouvoir
devoir

3 次の日本文をフランス語にしましょう。 【各10点 計60点】

(1) 彼は今夜料理をしなければなりません。

　　_____ ce soir.
　　　　　　　　　　　　　　　　　　　　　　　　　　今夜

(2) そのペンを借りてもいいですか。

　　_____
　　借りる：emprunter

(3) （あなたたちは）授業中に日本語を話してはいけません。

　　_____ en classe.
　　日本語：japonais　　　　　　　　　　　　　　　　授業中

(4) 私はいつかフランスに行きたい。

　　_____ un jour.
　　　　　　　　　　　　　　　　　　　　　　　　　　いつか

(5) 彼らは今日来ることができません。

　　_____ aujourd'hui.

(6) 彼女は水を飲みたいです。

　　_____
　　飲む：boire

「〜したいのですが」「〜がほしいのですが」という言い方

　何かものを頼むときに「〜したいのですが」とやわらかい言い方をしますね。フランス語でも，語気を和らげるていねいな言い方があります。英語の would like（to）〜 にあたります。
　vouloir（〜したい）を Je voudrais 〜．（私は〜したいのですが，私は〜がほしいのですが）の形に変えて，会話でよく使います。voudrais の後に続く動詞はいつも原形です。

・Je voudrais aller à Paris.（私はパリに行きたいのですが。）
・Je voudrais acheter un ordinateur.（私はパソコンを買いたいのですが。）
・Je voudrais réserver une chambre.（私は部屋を予約したいのですが。）
・Je voudrais un café, s'il vous plaît.（私はコーヒーがほしいのですが。）

ステップアップ

近い未来を表す aller

38 「～するところ」「～するつもり」

「～するところ」,「～するつもり」など，直後に，または確実にこれから起こる近い未来のことを言うときは，**動詞の前に** aller を入れます。aller は「行く」という意味の動詞ですが，ここでは英語の be going to のような使い方をします。

Je **vais** sortir ce soir.
ジュ ヴェ ソルティール ス スワール
～するつもり　原形

今夜出かける予定なの。
へー．いいね。

aller ＋ 動詞の（活用）原形
「～するつもり」

注意点は 2 つです。① aller は主語に合わせて活用します。② aller のあとの動詞はいつも**原形**です。aller の活用は p.52 で確認しておきましょう。

否定文のつくり方は，今までと同じです。aller を ne と pas ではさみます。

Je **ne vais pas** sortir ce soir.
ジュ ヌ ヴェ パ ソルティール ス スワール

やっぱり行くのやーめた。
出かけるつもりはありません。

疑問文のつくり方も，今までと同じです。

Tu **vas** sortir ?
テュ ヴァ ソルティール

出かけるところ？
忘れ物！！

基本練習

答えは137ページ

■ フランス語にしましょう。「〜するところ」「〜するつもり」という近い未来であることに注意しましょう。

(1) 彼女は5月にバイクを買おうとしています。
Elle _____ une moto en mai.
　　　買う：acheter　　　　　　　　バイク　5月に

(2) 美紀と健太は大樹に電話をするところです。
Miki et Kenta _____ à Daiki.

(3) 空港行きのバスはもうすぐ着きます。
Le bus pour l'aéroport _____ bientôt.
　　〜行きの　　空港　　　　　　　　　　　　　もうすぐ

(4) 君はタクシーに乗ろうとしているのですか。
Tu _____ un taxi?
　乗る：prendre

(5) 私は来年医師になります。
Je _____ médcin l'année prochaine.
　　　　　　　　　　医者　　　来年

(6) 私たちは彼の提案を受けようとしません。
Nous _____ sa proposition.
　　　受ける：accepter　　　　　提案

■ フランス語にしましょう。

(7) 私は彼女と夕食をとるところです。
_____
夕食をとる：dîner

(8) あなたは今月20歳になりますね。
_____ ce mois-ci.
　　　　　　　　　　　　　　　　今月

近い過去を表す venir de

39 「～したところ」「～したばかり」

「～したところ」，「～したばかり」など，直前に起きた（起こした）近い過去のことを言うときは，**動詞の前に venir de** を入れます。英語の just ～ のような意味合いです。

ジュ ヴィヤン ダリヴェ
Je **viens d'** arriver.
　　～したところ　原形

venir de ＋動詞の
　（活用）　　原形
「～したところ」

近い未来の aller と同じく注意点は2つです。① venir は主語に合わせて活用します。② venir de のあとの動詞はいつも**原形**です。venir の活用はp.52で確認しておきましょう。

また，例文のように，de は母音や無音の h で始まる語の前では，エリジオンし，d' となります。

疑問文も否定文のつくり方も今までと同じですが，否定文にすると皮肉めいた表現になってしまうのであまり使いません。

ヴ ヴネ ダリヴェ
Vous **venez d'** arriver?

着いたばかり
ですか？

venirとdeの位置に注意！

ノン ジュ ヌ ヴィヤン パ ダリヴェ
Non, je **ne** viens **pas** d' arriver!

いいえ、着いたばかりではありません！

基本練習

答えは137ページ

■ フランス語にしましょう。「〜したところ」「〜したばかり」という近い過去であることに注意しましょう。

(1) 私は彼女と話したばかりです。
　　Je _____ avec elle.

(2) 彼は出発したところです。
　　Il _____ .

(3) デュボワ夫人は食事が終わったところです。
　　Madame Dubois _____ son repas.

(4) あなたはこの本を（読み）終えたばかりですか。
　　Vous _____ ce livre?

(5) 私たちはちょうど30歳になったところです。
　　Nous _____ trente ans.

■ フランス語にしましょう。

(6) 私はパリに着いたばかりです。
　　_____

(7) 子どもたちは遊び始めたばかりです。
　　_____
　　〜を始める：commencer à 〜　　遊ぶ：jouer

40 「〜よりも…」

比較級

ここからは，人やものを比べるときのいろいろな言い方を学習します。

「マリーは健太よりも背が高い」と言うときは，**plus … que 〜** を使います。英語の more … than 〜 にあたります。

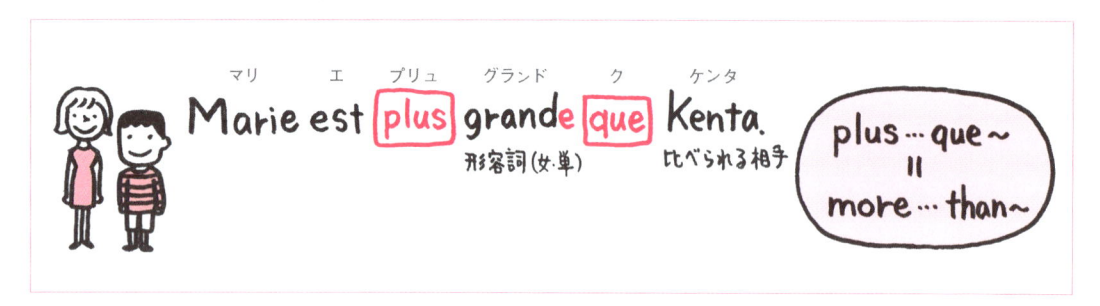

Marie est **plus** grande **que** Kenta.
（マリ エ プリュ グランド ク ケンタ）
形容詞(女・単)　　比べられる相手

plus…que〜
＝
more…than〜

比べることがらを表す形容詞は，主語の性・数に合わせます〈→p.38〉。この文の場合，Marie は女性の単数なので，grande となります。

「健太はマリーよりも背が高くない（少なく背が高い）」と比較するときは，**moins … que 〜** を使います。英語の less … than 〜 です。「マリーは私と同じくらい背が高い」と言うときは **aussi … que 〜** を使います。英語の as … as 〜 です。

Kenta est **moins** grand **que** Marie.
（ケンタ エ ムワン グラン ク マリ）
形容詞(男・単)　比べられる相手

moins…que〜
＝
less…than〜

Marie est **aussi** grande **que** moi.
（マリ エトシ グランド ク ムワ）
形容詞(女・単)　比べられる相手

aussi…que〜
＝
as…as〜

que のあとに人称代名詞がくるときは，強勢形〈→p.94〉を使います。また，que は母音や無音の h で始まる語の前ではエリジオンし，qu' となります。

比べることがらが副詞のときも，つくり方は同じです。副詞は性・数に変化がないので，こちらのほうが少し簡単ですね。

Kenta court **plus vite que** moi.
（ケンタ クール プリュ ヴィット ク ムワ）
副詞

健太は私より速く走ります。

基本練習

答えは137ページ

■ ( ) 内の語を適切な形にして、日本文に合う文にしましょう。

(1) 私（男）は彼女よりも背が高い。(grand：背が高い)

Je suis _____ elle.

(2) フランス語は英語よりも簡単ではありません。(facile：簡単な)

Le français est _____ l'anglais.

(3) 飛行機は船より速く進みます。(vite：速く)

L'avion va _____ le bateau.

(4) エミリーはセリーヌと同じくらい魅力的です。(charmant：魅力的な)

Émilie est _____ Céline.

(5) この辞書はあの本よりも高くありません。(cher：値段が高い)

Ce dictionnaire est _____ ce livre.

■ フランス語にしましょう。

(6) モンブラン（le mont Blanc）は富士山（le mont Fuji）よりも高い。

_____
高い：haut

(7) 美紀（Miki）はあなたよりも走るのが速くない。

_____

41 「〜の中で最も…」

最上級

3つ以上を比べて「〜の中で最も…だ」と言うときは，比較級のときに出てきた **plus** の前に定冠詞（**le, la, les**）をつけます。英語でも the tallest と the をつけましたね。

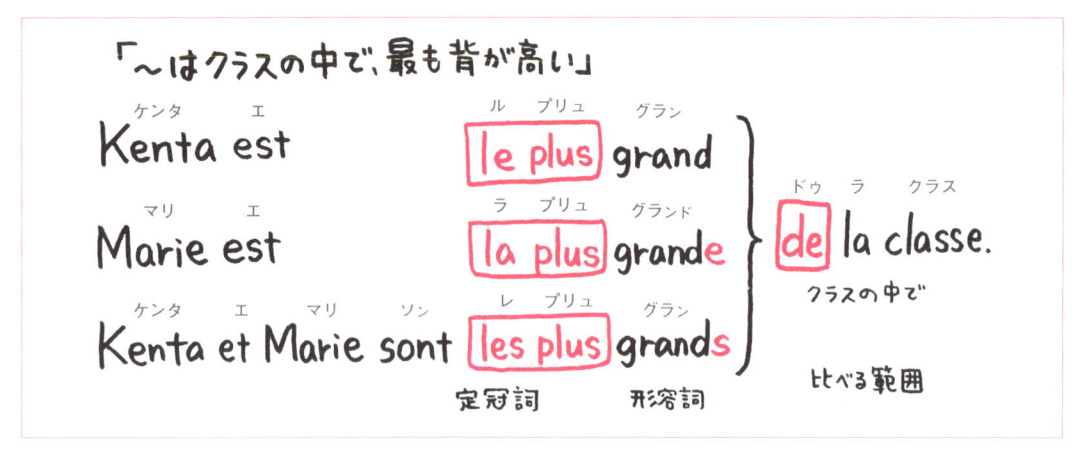

「〜はクラスの中で，最も背が高い」

Kenta est **le plus** grand ⎫
Marie est **la plus** grande ⎬ **de** la classe.
Kenta et Marie sont **les plus** grands ⎭

定冠詞　形容詞　　　　クラスの中で　比べる範囲

このとき，定冠詞以外に形容詞も主語の性・数に合わせます。
また，「〜の中で」を表す **de 〜** をあとに続けます。英語の of 〜 や in 〜 にあたります。

「家族の中で最も背が高くない（最も少なく背が高い）」と言うときは，同じように比較級のときに出てきた **moins** に定冠詞（**le, la, les**）をつけます。

Marie est **la moins** grande **de** sa famille.
定冠詞　　形容詞　　　比べる範囲

比べることがらが副詞のときも，つくり方は同じです。副詞は性数に変化がないので，定冠詞はいつも **le** を使います。

Kenta court **le plus** vite **des** trois.
副詞　de + les

健太は3人の中で最も速く走る。

基本練習

答えは137ページ

■ (　) 内の語を適切な形にして，日本文に合う文にしましょう。

(1) エヴェレストは世界で最も高いです。(haut：高い)
　　Le mont Everest est _____ du monde.

(2) 彼らは生徒全員の中で最も走るのが速くありません。(vite：速く)
　　Ils courent _____ de tous les élèves.

(3) これらの教会はこの地方で最も有名です。(célèbre：有名な)
　　Ces églises sont _____ de la région.

(4) 美紀は学校の中で最も大きくありません。(grand：大きい)
　　Miki est _____ de l'école.

■ フランス語にしましょう。

(5) この美術館はこの町で最も重要です。
　　_____ de la ville.
　　美術館：musée（男）　重要な：important

(6) マリー（Marie）は家族の中で最も若いです。
　　_____
　　若い：jeune（男・女）

復習テスト

得点 /100点

答えは138ページ
答え合わせが終わったら，CDに合わせてフランス語を音読しましょう。　CD 59

近い未来，近い過去，比較の文

1 次の（　）内から適するものを選び，○で囲みましょう。　【各4点 計16点】

(1) Elle (aller / va / vas) chercher Emma.　　　　　　　　　chercher：迎える
　　（彼女はエマを迎えに行くところです。）

(2) Ils (vient / viennent / venir) de finir leurs livres.
　　（彼らは本を〈読み〉終えたところです。）

(3) Je vais (passe / passes / passer) sur un pont.　　　　sur：〜の上　pont：橋
　　（私は橋を渡るところです。）

(4) Vous venez (d'avoir / d'être / de faire) vingt ans?
　　（あなたは20歳になったばかりですか。）

2 （　）内の語を適する形にして，日本文に合う文にしましょう。　【各6点 計30点】

(1) 彼女は彼と同い年です。（âgé）
　　Elle est _____ lui.

(2) 月は太陽より大きくありません。（grand）
　　La Lune est _____ le Soleil.
　　　月　　　　　　　　　　　　　　　　　　　　　　太陽

(3) エミリーはクラスの中で話すのが最もゆっくりです。（lentement）
　　Émilie parle _____ la classe.

(4) ロワール川はセーヌ川よりも長いです。（long）
　　La Loire est _____ la Seine.
　　ロワール川　　　　　　　　　　　　　　　　　　　セーヌ川

(5) そのテーマはこの映画の中で最も重要です。（important）
　　Ce thème est _____ ce film.
　　テーマ　　　　　　　　　　　　　　　　　　　　映画（男）

114

3 次の日本文をフランス語にしましょう。　【各9点　計54点】

(1) 彼は外出したところですか。

　　―――――――――――――――――――――――――――――――
　　外出する：sortir

(2) 彼女たちは12月にパリへ行きます。

　　―――――――――――――――――――――――――――――――
　　12月に：en décembre

(3) 君は健太（Kenta）より遠くに住んでいますね。

　　―――――――――――――――――――――――――――――――
　　遠くに：loin

(4) 美紀（Miki）はこの学校で最も頭がよいです。

　　―――――――――――――――――――――――――――――――
　　頭がよい：intelligent（男・単）　学校：l'école（女）

(5) 彼らは彼女らより疲れていません。

　　―――――――――――――――――――――――――――――――
　　疲れた：fatigué（男・単）

(6) 私は駅に着いたばかりではありません。

　　―――――――――――――――――――――――――――――――
　　駅：la gare

特殊な形になる比較級・最上級

bon（よい）やbien（よく）などは，「もっと～だ」というとき，plus bon やplus bien ではなく，特殊な形になります。ただし「より少なく～だ」と「同じくらい～だ」は，そのまま moins bon, aussi bon を使います。

- □ bon（よい）　→ Ton idée est meilleure que mon idée.
　　　　　　　　　（あなたの考えは私の考えよりもよいです。）
- □ bien（よく）　→ Elle travaille mieux que toi.（彼女は君よりもよく勉強します。）
- □ beaucoup（たくさん）→ Il mange plus que moi.（彼は私よりもたくさん食べます。）
- □ peu（少し）　→ Je bois moins que vous.（私はあなたよりももっと少なく飲みます。）

最上級のときは，形容詞は上の形に le / la / les を，副詞は le をつければOKです。

ステップアップ

42 avoirでつくる複合過去

英語では,「昨日テニスをしました」のように過去のことを言うときには, I played tennis yesterday. のように, 動詞を過去形にしましたね。フランス語の場合は,〈avoir または être＋過去分詞〉を使います。2つの語で作るので「**複合過去**」と言います。

たいていの複合過去は avoir 使います。今回は,〈avoir＋過去分詞〉を使った複合過去を見てみましょう。

現在 Je joue au tennis. 〈これは「ふだんのこと」を言う文だね〉

過去 J'ai joué au tennis hier.
　　　　avoir 過去分詞　　　　　　　　　きのうさ〜

avoir は主語によって活用しますので, 気をつけましょう。

次に, 過去分詞の作り方です。過去分詞は動詞の語尾を変えてつくります。

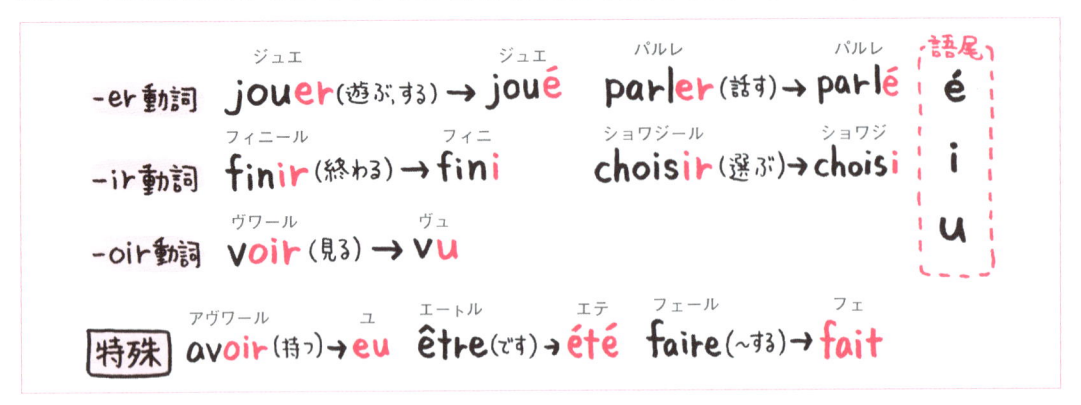

			語尾
-er動詞	jouer(遊ぶ,する) → joué	parler(話す) → parlé	é
-ir動詞	finir(終わる) → fini	choisir(選ぶ) → choisi	i
-oir動詞	voir(見る) → vu		u
特殊	avoir(持つ)→eu　être(です)→été　faire(〜する)→fait		

では, avoir と過去分詞をあわせてみましょう。過去分詞の形はいつも同じです。

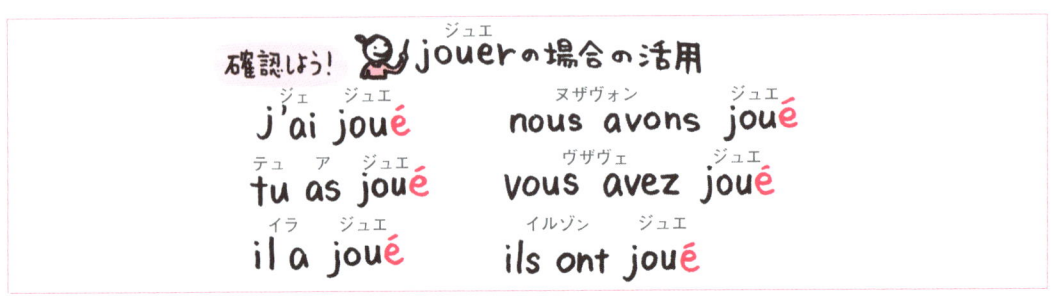

確認しよう！ jouerの場合の活用

j'ai joué　　　　　nous avons joué
tu as joué　　　　vous avez joué
il a joué　　　　　ils ont joué

基本練習

答えは138ページ

■ ( ) 内の動詞を複合過去にかえて書きましょう。

(1) 健太は今朝電話をしました。(téléphoner)

Kenta _____ ce matin.

(2) 彼女らは彼へのプレゼントを選びました。(choisir)

Elles _____ un cadeau pour lui.

(3) 私は家族のために料理を作りました。(faire)

_____ la cuisine pour ma famille.

(4) 私たちは将来について話しました。(parler)

Nous _____ de notre avenir.

(5) 私は昨日お腹が痛かった。(avoir)

_____ mal au ventre hier.

(6) 彼女は4年間学生でした。(être)

Elle _____ étudiante pendant quatre ans.

■ フランス語にしましょう。

(7) あなたは先週京都を訪れました。

_____ la semaine dernière.

訪れる：visiter

(8) 昨日は晴れました。

_____ hier.

晴れた：beau

複合過去②

43 êtreでつくる複合過去

過去のことを言うときには，〈être＋過去分詞〉を使うこともありましたね。

さて，どのようなときでしょうか。次にあげた être を使う動詞の例を見てください。

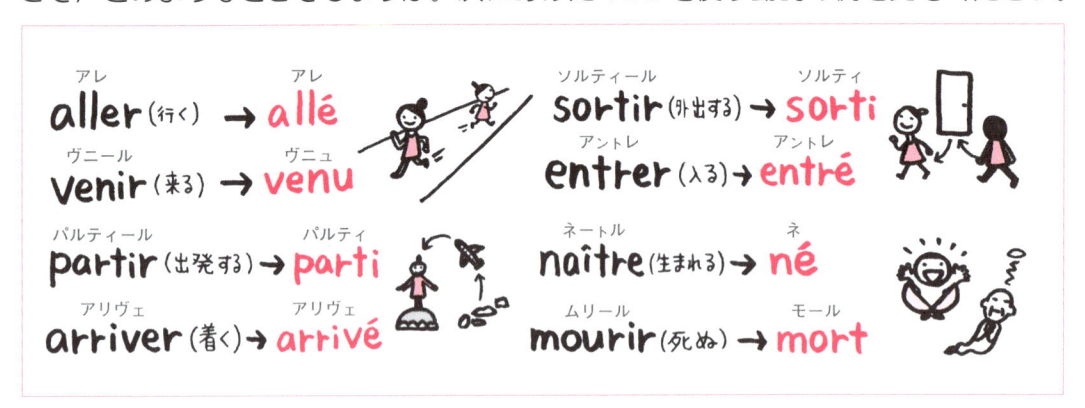

アレ	アレ		ソルティール	ソルティ
aller(行く)	→ allé		sortir(外出する)	→ sorti
ヴニール	ヴニュ		アントレ	アントレ
venir(来る)	→ venu		entrer(入る)	→ entré
パルティール	パルティ		ネートル	ネ
partir(出発する)	→ parti		naître(生まれる)	→ né
アリヴェ	アリヴェ		ムリール	モール
arriver(着く)	→ arrivé		mourir(死ぬ)	→ mort

イメージがつかめましたか。 **移動の意味**をもつ動詞や「生まれる」「死ぬ」という**状態の変化**を表す動詞のときに使われていますね。

être は主語によって活用しますので，気をつけましょう。

ジュ　スュイザレ　ア　ロピタル　オージュルデュイ
Je suis allé à l'hôpital aujourd'hui.
　être 過去分詞

私は今日病院へ行きました。

では，être と過去分詞をあわせてみましょう。過去分詞に注目してください。

確認しよう！ allerの場合の活用

ジュ スュイザレ	ヌ ソムザレ
je suis allé(e)	nous sommes allé(e)s
テュ エザレ	ヴゼッザレ
tu es allé(e)	vous êtes allé(e)(s)
イレタレ	イル ソンタレ
il est allé	ils sont allés
エレタレ	エル ソンタレ
elle est allée	elles sont allées

主語	過去分詞の語尾
女性 →	過去分詞+e
複数 →	過去分詞+s
女性複数→	過去分詞+es

過去分詞の形は**主語の性・数**に合わせて変化します。例えば，je が男性の場合は je suis allé，女性の場合は je suis allée となります。発音は同じです。

基本練習

答えは138ページ

■ ( ) 内の動詞を複合過去にかえて書きましょう。

(1) 電車はとても早くに出発しました。(partir)
Le train ☐ très tôt.

(2) 私たち（男）は昼食をとるためにカフェに入りました。(entrer)
Nous ☐ dans un café pour déjeuner.

(3) あなた（女）は日本に3日前に着きましたね。(arriver)
Vous ☐ au Japon il y a trois jours.

(4) スタンダール（男）はグルノーブルで生まれました。(naître)
Stendhal ☐ à Grenoble.

(5) 祖母は病気で亡くなりました。(mourir)
Ma grand-mère ☐ de maladie.

■ フランス語にしましょう。

(6) ぼくは午後デパートへ行きました。
_____ cet après-midi.
デパートへ：dans un grand magasin

(7) 彼女たちは今朝空港に来ました。
_____ ce matin.
空港：l'aéroport

44 複合過去の否定文・疑問文

複合過去③

CD 62

「〜しましたか」「〜しませんでした」と，複合過去の疑問文・否定文をつくるときは，今までと同じです。

〈avoir＋過去分詞〉を使った複合過去の疑問文と否定文から見てみましょう。

Tu **as** **dormi** cette nuit?
テュ ア ドルミ セット ニュイ
君は昨夜眠りましたか。

徹夜したよ…

Non, je **n'ai** **pas** **dormi** cette nuit.
ノン ジュ ネ パ ドルミ セット ニュイ
いいえ，私は昨夜眠りませんでした。

As-tu dormi cette nuit? / Est-ce que tu as dormi cette nuit? とたずねることもできます。
ア テュ ドルミ セット ニュイ　エス ク テュ ア ドルミ セット ニュイ

否定文は avoir を ne と pas ではさむだけです。英語の I didn't <u>sleep</u> last night. のように，動詞を原形にする必要はありません。

〈être＋過去分詞〉を使った複合過去の疑問文と否定文も見てみましょう。

Vous **êtes** **allé** à la fac hier?
ヴゼッタレ ア ラ ファック イエール
あなたは昨日大学に行きましたか。

Non, je **ne** **suis** **pas** **allé** à la fac hier.
ノン ジュ ヌ スュイ パ アレ ア ラ ファック イエール
私は昨日大学に行きませんでした。

avoir も être も同じですね。être を ne, pas ではさんで否定文をつくります。

基本練習

答えは138ページ

■ フランス語にしましょう。

(1) 私は昨日花火を見ませんでした。

_____ le feu d'artifice hier.
見る：voir　　　　　　　　　　　　　　　　花火

(2) 君は携帯電話を忘れましたか。

_____ ton portable?
忘れる：oublier　　　　　　　　　　　　　携帯電話

(3) 電車は時間通り発車しませんでした。

_____ à l'heure.
発車する：partir　　　　　　　　　　　　時間通り

(4) 君（女）は美容院へ行きましたか。

_____ chez le coiffeur ?
　　　　　　　　　　　　　　　　　　　美容院へ

(5) あなたはニコラ（Nicolas）と話しましたか。

_____

(6) あなた（男）は4月に生まれましたか。

_____
4月に：en avril　生まれる：naître

(7) 彼女は食事を終えましたか。

_____
（彼女の）食事：son repas

121

復習テスト

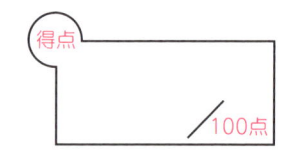

答えは138ページ
答え合わせが終わったら，CDに合わせてフランス語を音読しましょう。 → CD 63

複合過去

1 次の（　）内から適するものを選び，○で囲みなさい。 【各5点　計20点】

(1) Il (a allé / est allé / est allée) à l'opéra hier soir.
（彼は昨晩オペラに行きました。）

(2) Elle (a fini / a finie / est fini) son travail à deux heures.
（彼女は2時に仕事を終えました。）

(3) Kenta et Daiki (est vu / ont vu / ont vus) le nouveau restaurant.
（健太と大樹は新しいレストランを見ました。）

(4) Elles (est arrivée / sont arrivée / sont arrivées) au théâtre il y a dix minutes.
（彼女たちは10分前に劇場に着きました。）

2 （　）内の動詞を複合過去にかえて□□に書きましょう。 【各5点　計20点】

(1) 彼はおばと夕食をとりましたか。（dîner）
Il _____ avec sa tante?

(2) 愛子は1週間前に退院しました。（sortir）
Aiko _____ de l'hôpital il y a une semaine.

(3) 私たち（男）は8時に出発しました。（partir）
Nous _____ à huit heures.

(4) 私は悩みごとがありました。（avoir）
_____ un problème.

3 次の日本文をフランス語にしましょう。 【各10点 計60点】

(1) 私（女）は千葉で生まれました。

_____

(2) 彼女たちは今朝テニスをしました。

_____ ce matin.

(3) 私（男）は昨日は忙しくありませんでした。

_____
忙しい：occupé

(4) あなたのおじいさんは2000年に亡くなりましたか。

_____ en 2000?
おじいさん：grand-père   〜に

(5) 日曜日は寒くありませんでした。

_____ dimanche.
寒い：froid   日曜日

(6) 君は母親に電話をかけましたか。

_____

よく使う動詞の過去分詞

-re で終わる動詞の過去分詞を見てみましょう。

☐ prendre（とる） → pris　Il a pris mon parapluie ce matin.
　　　　　　　　　　　　（彼は今朝私の傘を持って行きました。）

☐ mettre（置く） → mis　Nous avons mis nos sacs dans la voiture.
　　　　　　　　　　　　（私たちはかばんを車に置きました。）

☐ dire（言う） → dit　Vous m'avez dit oui hier.
　　　　　　　　　　　（あなたは昨日私に「はい」と言いました）

☐ lire（読む） → lu　Elles ont lu le nouveau livre.
　　　　　　　　　　（彼女たちは新しい本を読みました。）

ステップアップ

数の言い方

1	un (アン)	21	vingt et un (ヴァンテ アン)
2	deux (ドゥー)	22	vingt-deux (ヴァントドゥー)
3	trois (トルワ)	23	vingt-trois (ヴァントトルワ)
4	quatre (カトル)	30	trente (トラント)
5	cinq (サンク)	40	quarante (カラント)
6	six (シス)	50	cinquante (サンカント)
7	sept (セット)	60	soixante (スワサント)
8	huit (ユイット)	70	soixante-dix (スワサントディス)
9	neuf (ヌフ)	71	soixante et onze (スワサンテ オンズ)
10	dix (ディス)	80	quatre-vingts (カトルヴァン)
11	onze (オンズ)	81	quatre-vingt-un (カトルヴァンアン)
12	douze (ドゥーズ)	90	quatre-vingt-dix (カトルヴァンディス)
13	treize (トレーズ)	95	quatre-vingt-quinze (カトルヴァンカンズ)
14	quatorze (カトールズ)	100	cent (サン)
15	quinze (カンズ)	101	cent un (サン アン)
16	seize (セーズ)	200	deux cents (ドゥ サン)
17	dix-sept (ディセット)	1000	mille (ミル)
18	dix-huit (ディズユイット)	10000	dix mille (ディ ミル)
19	dix-neuf (ディズヌフ)	20000	vingt mille (ヴァン ミル)
20	vingt (ヴァン)	100000	cent mille (サン ミル)

● 1〜69
- 1〜16までを覚えたらあとは基本的に足し算の発想です。
- 21は vingt と un を et でつなぎますが，22以降は，vingt と１桁の数字（deux 〜 neuf）をハイフン（-）でつないで表します。
- 30，40，50，60台の数は20台と同じです。

● 70〜99
- 70〜79は、「60＋残りの数（onze〜dix-neuf）」で表します。例えば，71は soixante et onze（60と11）となります。soixante と onze は et でつなぎますが，72からはハイフン（ - ）でつないで表します。
- 80は「4×20」，81以降はそれに1桁の数字（un〜neuf）をハイフン（ - ）でつないで表します。また，80は quatre-vingts と s を書きますが，81以降は s をつけません。
- 90〜99は，「4×20」に残りの数（onze〜dix-neuf）をハイフン（ - ）でつないで表します。例えば，99は quatre-vingt-dix-neuf（4×20と19）となります。

● 100, 1000
- 100を表す cent は200，300など100の位が2〜9のときは cent に -s をつけますが，201，310など後ろに端数があるときには -s をつけません。
  200→ deux cents　　　203→ deux cent trois
- 1000を表す mille は形が変わらず -s はつけません。

★ 年代
- 年代の場合，1000年，2000年は mille を使いますが，後ろに端数があるときは，mille の代わりに mil を使うことが多いです。
  1980→l'an mil neuf cent quatre-vingts
  2000→l'an deux mille
  2012→l'an deux mil douze

★ 電話番号
- 電話番号は，2桁ずつに区切って読みます。
  Quel est votre numéro de téléphone ?（あなたの電話番号は何ですか。）
  ケレ　ヴォートル　ニュメロ　ドゥ　テレフォヌ
  ― C'est（le）zero trois, soixante et onze, quatre-vingt-douze, dix-huit.（03 71 92 18です。）
  セ　ル　ゼロ　トルワ　スワンサンテ　オンズ　カトルヴァンドゥーズ　ディズュイット

euro（ユーロ）をつけた読み方　CD 65

1ユーロ	un euro (アンヌーロ)	2ユーロ	deux euros (ドゥズーロ)	3ユーロ	trois euros (トルワズーロ)
4ユーロ	quatre euros (カトルーロ)	5ユーロ	cinq euros (サンクーロ)	6ユーロ	six euros (スィズーロ)
7ユーロ	sept euros (セトゥーロ)	8ユーロ	huit euros (ユイットゥーロ)	9ユーロ	neuf euros (ヌフーロ)
10ユーロ	dix euros (ディズーロ)	20ユーロ	vingt euros (ヴァントゥーロ)		

- 数字のあとに母音で始まる euro(s) をつけると，リエゾンやアンシェヌマンをします。s, x は「ズ」の音でリエゾンします。

月の言い方

1月	ジャンヴィエ	janvier
2月	フェヴリエ	février
3月	マルス	mars
4月	アヴリル	avril
5月	メ	mai
6月	ジュアン	juin
7月	ジュイエ	juillet
8月	ウット	août
9月	セプタンブル	septembre
10月	オクトブル	octobre
11月	ノヴァンブル	novembre
12月	デサンブル	décembre

曜日の言い方

月曜日	ランディ	lundi
火曜日	マルディ	mardi
水曜日	メルクルディ	mercredi
木曜日	ジュディ	jeudi
金曜日	ヴァンドゥルディ	vendredi
土曜日	サムディ	samedi
日曜日	ディマンシュ	dimanche

季節の言い方

春に	オ プランタン	au printemps
夏に	アンネテ	en été
秋に	アンノトンヌ	en automne
冬に	アンニヴェール	en hiver

- 月名と曜日名の最初の文字は，英語とちがい小文字です。
- 「〜曜日に」というときは前置詞はつけませんが，「〜月に」というときには前置詞 en を月の前におくか au mois de 〜 で表します。
- 日付は，le のあとに〈日＋月〉の順で表します。また，英語のように「日」は序数で表しません。
    - ・7月14日 → le 14 juillet
    - ・9月10日 → le 10 septembre
    - ※ただし，「1日」だけは le 1er (le premier) と序数を使います。
- 「春に」には前置詞 au をつけますが，残りの季節は en をつけます。

時の言い方

昨日	イエール	hier	週	スメーヌ	semaine
今日	オージュルデュイ	aujourd'hui	月	ムワ	mois
明日	ドマン	demain	年	アン / アネ	an / année

動詞活用表

フランス語の動詞は大きく3つに分けられます。
1) 第1群規則動詞：原形が -er で終わるほぼすべての動詞（フランス語の動詞の大半がこの動詞）
2) 第2群規則動詞：原形が -ir で終わる多くの動詞
3) 不規則動詞：原形が -er や -ir で終わる動詞の一部と，-re や -oir で終わる不規則な活用をする動詞
ただし，être と avoir は助動詞としても使われるため，基本不規則動詞と言われています。

ここでは，いくつかの重要動詞の意味と活用，過去分詞（過分）を確認します。
まず，基本不規則動詞 être, avoir から見てみましょう。注：elle は il，elles は ils と活用形は同じです。

être

être（～である）　過分 été

je suis (ジュ スュイ)	nous sommes (ヌ ソム)
tu es (テュ エ)	vous êtes (ヴゼット)
il est (イレ)	ils sont (イル ソン)

avoir

avoir（持っている）　過分 eu (ユ)

j'ai (ジェ)	nous avons (ヌザヴォン)
tu as (テュ ア)	vous avez (ヴザヴェ)
il a (イラ)	ils ont (イルゾン)

第1群規則動詞〈-er動詞〉

parler（話す）　過分 parlé (パルレ)

je parle (ジュ パルル)	nous parlons (ヌ パルロン)
tu parles (テュ パルル)	vous parlez (ヴ パルレ)
il parle (イル パルル)	ils parlent (イル パルル)

● 本書で扱った -er 動詞には次のような動詞があります。
・travailler（働く）　・chanter（歌う）
・regarder（見る）　・étudier（勉強する）
・habiter（住む）
・jouer（〈スポーツを〉する）
・voyager（旅行する）

aimer（好む）　過分 aimé (エメ)

j'aime (ジェム)	nous aimons (ヌゼモン)
tu aimes (テュ エム)	vous aimez (ヴゼメ)
il aime (イレム)	ils aiment (イルゼム)

第2群規則動詞〈-ir動詞〉

finir（終える）　過分 fini

je finis	nous finissons
tu finis	vous finissez
il finit	ils finissent

・choisir（選ぶ）や réussir（成功する）も同じ活用をします。

不規則動詞〈-er動詞〉

acheter（買う）　過分 acheté

j'achète	nous achetons
tu achètes	vous achetez
il achète	ils achètent

aller（行く）　過分 allé

je vais	nous allons
tu vas	vous allez
il va	ils vont

不規則動詞〈-ir動詞〉

venir（来る）　過分 venu

je viens	nous venons
tu viens	vous venez
il vient	ils viennent

partir（出発する）　過分 parti

je pars	nous partons
tu pars	vous partez
il part	ils partent

・dormir（眠る）や sortir（外出する）も同じ活用をします。

ouvrir（開ける）　過分 ouvert

j'ouvre	nous ouvrons
tu ouvres	vous ouvrez
il ouvre	ils ouvrent

・couvrir（おおう）や offrir（提供する）も同じ活用をします。

不規則動詞〈-re動詞〉

faire（作る） 過分 fait

je fais	nous faisons
tu fais	vous faites
il fait	ils font

mettre（置く，着る） 過分 mis

je mets	nous mettons
tu mets	vous mettez
il met	ils mettent

prendre（取る） 過分 pris

je prends	nous prenons
tu prends	vous prenez
il prend	ils prennent

dire（言う） 過分 dit

je dis	nous disons
tu dis	vous dites
il dit	ils disent

不規則動詞〈-oir動詞〉

vouloir（〜したい） 過分 voulu

je veux	nous voulons
tu veux	vous voulez
il veut	ils veulent

pouvoir（〜できる） 過分 pu

je peux	nous pouvons
tu peux	vous pouvez
il peut	ils peuvent

devoir（〜しなければならない） 過分 dû, due

je dois	nous devons
tu dois	vous devez
il doit	ils doivent

voir（見る） 過分 vu

je vois	nous voyons
tu vois	vous voyez
il voit	ils voient

基本練習・復習テストの答え

◆ 正解が何通りかある場合には，[ ]の中に別の答え方を示しています。
◆ 正解が何通りかある場合でも，CDの音声は1通りしか収録されていません。（最初に示す答え方で読まれています。）
◆ 読みのためのカナ表記は文にだけつけています。

01 主語になる代名詞 ——13ページ

(1) Ils (2) Elle (3) Vous
(4) Nous (5) Tu (6) Je
(7) Vous

▶注意 (2)エレのようにアンシェヌマンする。(3)(7)ヴゼットのようにリエゾンする。

02 être の使い方 ① ——15ページ

(1) suis (2) est (3) C'est
(4) est (5) est
(6) Je suis heureux.
(7) C'est ma mère.

▶注意 (2)エレのようにアンシェヌマンする。(3)セのようにエリジオンする。(4)イレのようにアンシェヌマンする。

03 être の使い方 ② ——17ページ

(1) sont (2) êtes (3) es
(4) sont (5) sommes (6) sont
(7) Vous êtes grands.
(8) Nous sommes étudiants.

▶注意 (2)(7)ヴゼットのようにリエゾンする。(6)健太と大樹なので，複数の「彼らは」になる。

04 -er で終わる動詞 ① ——19ページ

(1) travaille (2) chantes
(3) parle (4) regarde
(5) étudie (6) Tu parles vite.
(7) Je joue du piano.

05 -er で終わる動詞 ② ——21ページ

(1) jouons (2) habitent (3) voyagez
(4) J'aime (5) travaillent
(6) Nous aimons la musique.
(7) Elles parlent français.
(8) J'habite au Japon.

▶注意 (2)イルザビットゥのようにリエゾンする。(4)ジェムのようにエリジオンする。(5)美紀と健太なので，複数の「彼らは」になる。(6)ヌゼモンのようにエリジオンする。

06 avoir の使い方 ——23ページ

(1) J'ai (2) avez (3) a
(4) ont (5) a (6) avons
(7) Ils ont dix-huit ans. (8) J'ai un chien.

▶注意 エリジオン，リエゾンやアンシェヌマンの発音に注意しましょう。(4)美紀と大樹なので，複数の「彼らは」になる。

復習テスト être, -er で終わる動詞, avoir の文 ——24ページ

1 (1) Vous (2) Il (3) Tu (4) Elles

▶注意 (1)「あなたは感じがよいです。」ヴゼットとリエゾンする。(2)「彼はねこを1匹飼っています。」イラのようにアンシェヌマンする。(3)「君(男)は疲れている。」(4)「彼女たちはテニスが好きです。」エルゼムのようにリエゾンする。

2 (1) sommes (2) ont (3) suis
(4) est (5) a (6) J'ai

▶注意 (2)イルゾンのようにリエゾンする。(4)エレのようにアンシェヌマンする。(6)ジェのようにエリジオンする。

3 (1) J'habite à Paris.
(2) Elle parle chinois.
(3) Vous étudiez (bien.)
(4) Ils chantent (ensemble.)

(5) Nous aimons le fromage.
　(6) C'est bon.

07 男性名詞と女性名詞 ——27 ページ

(1) étudiant　(2) française　(3) amie
(4) une　　　(5) Un　　　(6) une
(7) Il　　　　(8) Elle

▶注意　(3)モナミのようにリエゾンする。(7)Il y a ～．で「～があります」。

08 名詞の複数形 ——29 ページ

(1) amis　　(2) étudiantes (3) japonais
(4) Des　　 (5) un　　　　(6) des
(7) une

▶注意　(1)ポールとマリーで男性・複数形を使う。メザミのようにリエゾンする。(2)女子大学生なので，es をつける。デゼテュディヤントのようにリエゾンする。(3)japonais の男性・複数形は最後に s をだぶらせて書く必要がないので変わらない。(4)(6)発音に注意しよう。(4)はデゾランジュ，(6)はデゼコールのようにリエゾンする。(6)「これらは～です」と主語が複数を示すときはCe sont ～．で表す。

09 the や this にあたる語 ——31 ページ

(1) les　　 (2) La　　 (3) les　　(4) le
(5) Cette　(6) ces　　(7) Ce
(8) Cet

▶注意　(3)pommes と s をつけて複数形にしたときは冠詞も複数形の les となる。(6)「めがね」は複数形。(8)セットムのようにアンシェヌマンする。

復習テスト　名詞，冠詞，指示形容詞 ——32 ページ

1 (1) une　　(2) Un　　(3) des

▶注意　(2) étudiant が男性・単数なので，un になる。(3) fruits は複数形なので，des になる。

2 (1) ce　　　(2) la　　　(3) Les, le
 (4) Ces, les　(5) Cette, l'

▶注意　(2)(4)(5)「～の妹［息子たち／おじ］」と言うときには，la sœur のように定冠詞が必要。(3)レザンファンのようにリエゾンする。(5)ロンクルのようにエリジオンする。

3 (1) Nous travaillons dans cette école.
　(2) Ce restaurant est connu.
　(3) C'est une église.
　(4) J'ai des frères.
　(5) Elles aiment la musique américaine.
　(6) Le train est en retard.

▶注意　(4)兄弟(frères)は複数形。

10 数えられない名詞 ——35 ページ

(1) du　　(2) de l'　　(3) de la
(4) du　　(5) le　　　(6) du
(7) Un

11 「私の」「彼の」など ——37 ページ

(1) Mes　(2) leurs　　(3) Ta
(4) Vos　(5) Notre　　(6) Sa
(7) Leur (8) Mon, sa

▶注意　(1)(7) être のあとに職業を表す名詞がくるときは冠詞が入らない。

12 形容詞の使い方 ——39 ページ

(1) J'ai des montres japonaises.
(2) C'est un bon dictionnaire.
(3) Ces fruits sont rouges.
(4) Cette voiture est grande.
(5) Je cherche un nouveau portable.
(6) Paul a les yeux bleus.
(7) Cette jeune femme est actrice.

▶注意　(1) montres は女性・複数形なので，japonaises となる。(5)「新型の携帯電話」の意味合いのときは，portable nouveau となる。(7) jeune は男性形・女性形ともに同じ。être のあとに職業を表す名詞がくるときは冠詞が入らない。

復習テスト 部分冠詞, 所有形容詞, 形容詞 ——40ページ

1 (1) de la　(2) du　(3) du
(4) mon

▶注意 (1)「彼は毎朝スープを飲みます。」スープは, manger（食べる）を使います。(2)「彼は勇気がある。」(3)「私は牛乳を飲みます。」(4)「こちらは私の友人です。」amie は女性の友だちだが母音で始まるので mon を使う。また, モナミのようにリエゾンする。

2 (1) Vos, mes　　(2) Mon, son
(3) Ta, son　　(4) Mon, ma

3 (1) Notre école est petite.
(2) Ces problèmes sont difficiles.
(3) Elle aime la soupe chaude.
(4) Vos chambres sont charmantes.
(5) Je lis des articles importants.

13 否定文のつくり方 ① ——43ページ

(1) Il n'est pas anglais.
(2) Ce n'est pas mon dictionnaire.
(3) Je ne joue pas au tennis.
(4) Nous ne connaissons pas son nom.
(5) Aiko n'habite pas chez ses parents.
(6) Je ne suis pas étudiant.
(7) Je n'aime pas les insectes.
(8) Mon père ne regarde pas la télévision.

▶注意 (4)「私たちは彼(女)の名前を知りません。」(5)「愛子は両親の家に住んでいません。」ナビットのようにエリジオンし, n' となるので注意。(7) ネムのようにエリジオンする。好きなもの, 好きでないものが数えられる名詞のときは, 複数形で。冠詞も複数形に。

14 否定文のつくり方 ② ——45ページ

(1) Elle n'a pas de sœur.
(2) Il ne mange pas de poisson.
(3) Ce n'est pas le portable de Jean.
(4) Je n'aime pas le thé.
(5) Il n'y a pas d'argent.
(6) Je n'ai pas d'ordinateur.
(7) Je ne mange pas de riz.

▶注意 (3) c'est の否定形は, est を ne, pas ではさみ, ne がエリジオンして ce n'est pas となる。(4) 定冠詞 le は変えない。(5) 部分冠詞は de に変える。argent は母音で始まるので d'argent となる。Il y a の否定文は y a を ne, pas ではさんで Il n'y a pas ~. となる。

15 疑問文のつくり方 ① ——47ページ

(1) ① Vous avez sommeil?
　　② Est-ce que vous avez sommeil?
(2) ① C'est ton livre?
　　② Est-ce que c'est ton livre?
(3) ① Elle aime le basket?
　　② Est-ce qu'elle aime le basket?
(4) Est-ce qu'ils sont américains?
　① Oui, ils sont américains.
　② Non, ils ne sont pas américains.
(5) Est-ce que tu parles anglais?
　① Oui, je parle anglais.
　② Non, je ne parle pas anglais.

▶注意 (1) avoir sommeil で「眠い」。

16 疑問文のつくり方 ② ——49ページ

(1) A-t-il faim?
(2) Êtes-vous libre ce soir?
(3) Parles-tu bien français?
(4) Marie est-elle occupée?
(5) Ce supermarché ferme-t-il le dimanche?
(6) Es-tu fatigué?
(7) Daiki arrive-t-il (aujourd'hui?)
(8) Habitent-elles (dans un appartement?)

復習テスト 否定文, 疑問文 ——50ページ

1 (1) n'est　(2) de　(3) le

2 (1) Il n'aide pas sa mère.
　(2) Nous n'avons pas de cousins.
　(3) Paul aime-t-il le café?
　(4) Yuka et Miki jouent-elles du piano?

▶注意 (3)語順を入れかえた aime と il の間に t をはさむこと。(4)ジュテルのようにリエゾンする。トレ・デュニオン(-)を忘れずに入れる。

3 (1) ① Vous êtes japonaise?
　　　② Est-ce que vous êtes japonaise?
　　　③ Êtes-vous japonaise?
　　　(答え) Oui, je suis japonaise.
　(2) ① Il a une voiture?
　　　② Est-ce qu'il a une voiture?
　　　③ A-t-il une voiture?
　　　(答え) Non, il n'a pas de voiture.

▶注意 (2)否定で答えるときは une が de となる。

17　aller / venir の使い方　——53ページ

(1) vais　(2) vient　(3) venez
(4) va　(5) allez
(6) Tu viens en métro (à chaque fois.)
(7) Nous allons en Italie (ce mois-ci.)
(8) Elles viennent de Chine.

18　-ir で終わる動詞　——55ページ

(1) finit　(2) réussissez　(3) choisis
(4) finis　(5) réussit
(6) Nous finissons notre travail (à midi.)
(7) Il choisit un cadeau pour Anne.

19　faire の使い方　——57ページ

(1) faites　(2) font　(3) fait
(4) fait　(5) faisons
(6) Je fais de la marche.
(7) Tu fais le ménage (les jours de congé.)
(8) (Aujourd'hui,) il fait beau.

復習テスト　aller, venir, -ir で終わる動詞, faire の文　——58ページ

1 (1) vais　(2) finissons
　(3) viennent　(4) fais

▶注意 (1)「私は野球の試合に行きます。」(2)「私たちは正午に試験を終えます。」(3)「ジュリーとポールは今夜私の家に来ます。」(4)「君は買物をしますか。」

2 (1) choisissez　(2) fais　(3) vient
　(4) allez　(5) fait

3 (1) Le cours finit à quinze heures.
　(2) Il ne va pas en France.
　(3) Il fait chaud aujourd'hui.
　(4) Elle vient des États-Unis.
　(5) Nous réussissons grâce à notre méthode.

▶注意 (3)天気, 寒暖は il fait を使う。aujourd' hui は文頭でもよい。

20　「いつ?」とたずねる文　——61ページ

(1) ① Tu vas au cinéma quand?
　　② Quand est-ce que tu vas au cinéma?
　　③ Quand vas-tu au cinéma?
(2) ① Ils partent quand?
　　② Quand est-ce qu'ils partent?
　　③ Quand partent-ils?
(3) Quand venez-vous au Japon?
　　(答え) Je viens au Japon le mois prochain.
(4) Le train arrive quand? [Quand est-ce que le train arrive? / Quand arrive le train?]
　　(答え) Il arrive à dix heures.

▶注意 (4)疑問詞つきの疑問文(pourquoi の文を除く)では, 主語が名詞の場合, Quand arrive le train? のように単純倒置する。

21　「どこ?」とたずねる文　——63ページ

(1) ① Les toilettes sont où?
　　② Où est-ce que sont les toilettes ?

③ Où sont les toilettes?
(2) ① Elle va où?
② Où est-ce qu'elle va?
③ Où va-t-elle?
(3) Où travaillez-vous?
（答え）Je travaille à Kobe.
(4) Où est la poste, s'il vous plaît?
（答え）Tournez à droite.

▶注意　(1)② est-ce que を使う疑問文の場合，être は主語の前に置く。

22 「なぜ？」とたずねる文
-------- 65ページ
(1) ① Vous pleurez pourquoi?
② Pourquoi est-ce que vous pleurez?
③ Pourquoi pleurez-vous?
(2) ① Elle étudie le français pourquoi?
② Pourquoi est-ce qu'elle étudie le français?
③ Pourquoi étudie-t-elle le français?
(3) Pourquoi aimes-tu le printemps?
（答え）Parce que j'aime les fleurs de cerisier.
(4) Pourquoi est-il fâché?
（答え）Parce que Kenji est en retard.

23 「どのように？」とたずねる文
-------- 67ページ
(1) ① Elle parle comment?
② Comment est-ce qu'elle parle?
③ Comment parle-t-elle?
(2) ① Le film est comment?
② Comment est-ce qu'est le film?
③ Comment est le film?
(3) Comment vas-tu chez ta grand-mère?
（答え）Je vais chez ma grand-mère en Shinkansen.
(4) Comment allez-vous?
（答え）Je vais bien.

▶注意　(2)② est-ce que を使う疑問文の場合，être (est) は主語 (le film) の前に置く。(3)答えは，ma (私の) grand-mère とする。(4)答えは，Très bien, merci. などでもよい。

24 値段や数をたずねる文
-------- 69ページ
(1) ① Ce jean coûte combien?
② Combien est-ce que ce jean coûte?
③ Combien coûte ce jean?
(2) C'est combien?
（答え）C'est 8 euros.
(3) Combien de portables a-t-il?
（答え）Il a trois portables.
(4) Combien de frères avez-vous?
（答え）J'ai deux frères.

▶注意　(3)(4) trois, deux などの数で終わらせず，portables, frères まで言う。

復習テスト　いろいろな疑問副詞
-------- 70ページ
1 (1) イ　(2) オ　(3) ア　(4) エ　(5) ウ

▶注意　(1)「君はどうやってレストランへ行きますか。」「バスで行きます。」(2)「君はどこへ行きますか。」「京都へ行きます。」(3)「君は姉妹が何人いますか。」「3人います。」(4)「君はいつ出発しますか。」「明日出発します。」(5)「なぜ君は泣いているのですか。」「頭が痛いからです。」

2 (1) Où est-ce que vous habitez (?)
(2) Combien de parapluies as-tu (?)
(3) Ton copain est comment (?)
　　[Comment est ton copain (?)]
(4) Pourquoi est-ce que tu vas à Paris (?)

▶注意　(1)「あなたはどこに住んでいますか。」(2)「君は傘を何本持っていますか。」(3)「君の彼氏はどんな感じですか。」(4)「なぜ君はパリへ行くのですか。」

3 (1) Comment chante-t-il?
(2) Quand faites-vous la cuisine?
(3) Combien coûte cet ordinateur?
(4) Pourquoi aime-t-elle les chiens?
(5) Où est la gare (, s'il vous plaît?)

▶注意 (3)母音で始まる男性名詞の前には cet を使う。(4)「〜が好き」と言うとき, 好きなものには定冠詞をつけ, 数えられる名詞のときは複数形にする。定冠詞も複数形にする。

25 「どの？」「どんな？」とたずねる文 ——73ページ

(1) Quelles　(2) Quel　(3) Quels
(4) Quelle
(5) Quelle langue étudiez-vous?
(6) Quel est votre métier?
(7) Quel portable a-t-elle?

26 「何歳？」とたずねる文 ——75ページ

(1) trois　　　(2) douze
(3) quinze　　(4) dix-neuf
(5) vingt-quatre　(6) quarante et un
(7) cinquante-sept　(8) soixante
(9) Quel âge as-tu?
　（答え）J'ai huit ans.
(10) Quel âge avez-vous?
　（答え）J'ai trente-six ans.

27 「何時？」とたずねる文 ——77ページ

(1) Quelle heure est-il?
(2) Il est neuf heures.
(3) Il est une heure moins cinq.
(4) Il est quatre heures.
(5) Il est huit heures moins le quart.
(6) Il est onze heures.
(7) Il est sept heures et demie.
(8) Il est dix heures et quart.
(9) Il est midi.

28 「何？」「だれ？」とたずねる文 ——79ページ

(1) Qu'est-ce que c'est?
(2) Qui est-ce?
(3) Qu'est-ce que tu fais (ce soir?)
(4) Qu'est-ce que vous faites (dans la vie?)
(5) C'est un hôtel.
(6) C'est notre professeur.

復習テスト　疑問形容詞 quel, 疑問代名詞 que と qui ——80ページ

1 (1) エ　(2) イ　(3) ア　(4) ウ
▶注意 (1)「何時ですか。」「3時です。」 (2)「これはだれですか。」「アンヌです。」 (3)「これは何ですか。」「紅茶です。」 (4)「彼は何歳ですか。」「30歳です。」

2 (1) Quels films aimez-vous (?)
(2) Qu'est-ce que vous faites dans la vie (?)
(3) Quelle est ton actrice préférée (?)
(4) Qu'est-ce qu'il achète (?)

▶注意 (1)「あなたの好きな映画は何ですか。」「-」を忘れずに。Vous aimez quels films? とも言える。(2)「あなたの職業は何ですか。」(3)「君のお気に入りの女優はだれですか。」actrice は母音で始まるので, ton actrice となる。(4)「彼は何を買いますか。」que は qu' のようにエリジオンする。

3 (1) Quels sports aimes-tu?
(2) Quel âge avez-vous?
(3) Quelle heure est-il?
(4) Il est cinq heures moins le quart.
(5) Il est dix heures et demie.
(6) Quelle est la date, aujourd'hui?

29 前置詞の使い方 ——83ページ

(1) de, à　(2) sur, pour　(3) au, avec
(4) d'　(5) aux, avec
(6) Vous allez à Kyoto (cette année?)
［Allez-vous à Kyoto (cette année?)
／ Est-ce que vous allez à Kyoto (cette année?)］
(7) Ils sont de Tokyo.

▶注意 (4) enfants が続くので de (〜の) は d' とエリジオンする。(7)「〜の出身」は être de 〜 を使う。

30 「〜しなさい」 ———85ページ

(1) Choisissez (2) Soyez (3) Fermez
(4) Téléphone (5) Finis
(6) Ayez du courage.
(7) Parlez lentement, s'il vous plaît.
(8) Faites la cuisine.

▶注意 (4) Téléphones としないように注意。(5) finir のような -ir で終わる動詞の tu の命令形は，今まで学んだ tu の活用と同じで，最後の s はとらない。

31 「〜しましょう」「〜しないで」 ———87ページ

(1) Cherchons (2) Dînons
(3) Jouons (4) Ayons
(5) Allons à la bibliothèque.
(6) Soyons amis.
(7) Ne fumez pas!

復習テスト 前置詞, 命令文 ———88ページ

1 (1) à (2) de (3) du
(4) pour (5) au

▶注意 (3)「隣人」は le voisin。de (〜の) + le voisin で du voisin になる。(5) à (〜へ) + le cinema で au cinema となる。

2 (1) Ayons (2) Sois (3) Regardons
(4) donnez

3 (1) Allons aux États-Unis.
(2) Il y a un cahier sur la table.
(3) Ne mange pas dans la classe.
(4) Fermez la fenêtre.
(5) Faisons du sport.

▶注意 (1) à les で aux になる。(3) manges としない。(5)「スポーツをする」は faire du sport。

32 「君を」「それを」など ———91ページ

(1) Je le parle.
(2) Nous les cherchons.
(3) le (4) t' (5) m'
(6) la (7) le

▶注意 (1)「私はそれを話します。」(2)「私たちは彼らを探します。」

33 「君に」「彼に」など ———93ページ

(1) Je lui parle.
(2) Elle leur téléphone tous les soirs.
(3) nous (4) leur (5) te
(6) leur (7) lui

▶注意 (3)ヌゼクリのようにリエゾンする。

34 moi, toi などの使い方 ———95ページ

(1) elle (2) Moi (3) toi
(4) eux (5) Moi (6) lui

▶注意 (1)アヴェッケルのようにアンシェヌマンする。(4)アヴェクゥーのようにアンシェヌマンする。

復習テスト 目的語になる人称代名詞, 代名詞の強勢形 ———96ページ

1 (1) le (2) elle (3) te
(4) les (5) moi

2 (1) Je leur écris chaque mois.
(2) Takuya l'appelle.
(3) Elle lui parle.

▶注意 (1)「私は毎月彼ら(私の両親)に手紙を書きます。」(2)「拓也は彼(彼の友だち)を呼びます。」(3)「彼女は彼(先生)に話しています。」

3 (1) Elle nous enseigne le français.
(2) Il ne leur dit pas au revoir.
(3) Nous ne vous attendons pas.
(4) Elles t'invitent.
(5) Vous, vous ressemblez à votre mère.

▶注意 (1)「フランス語を話す」というときは，parler français と定冠詞の le は省略することが多いが，「フランス語を教える」は enseigner le français。

35 「〜したい」の vouloir ——99ページ

(1) veut (2) veux (3) veux
(4) veulent (5) voulez
(6) Nous voulons jouer au football.
(7) Je ne veux pas aller chez le dentiste.
(8) Vous voulez venir chez moi (ce soir?)
[Voulez-vous venir chez moi (ce soir?)
/ Est-ce que vous voulez venir chez moi (ce soir?)]

36 「〜できる」の pouvoir ——101ページ

(1) peuvent (2) peut (3) pouvez
(4) peux (5) pouvons (6) peux
(7) Mon chien peut nager vite.
(8) Je ne peux pas parler (maintenant.)

37 「〜しなければならない」の devoir ——103ページ

(1) devons (2) devez (3) doit
(4) dois
(5) Je dois travailler jusqu'à neuf heures.
(6) Il ne doit pas regarder la télévision (aujourd'hui.)

復習テスト vouloir, pouvoir, devoir の文 ——104ページ

1 (1) peut (2) voulons (3) peux
  (4) étudier
2 (1) peux (2) voulez (3) devons
  (4) veut
3 (1) Il doit faire la cuisine (ce soir.)
  (2) Je peux emprunter ce stylo?
  (3) Vous ne devez pas parler japonais (en classe.)
  (4) Je veux aller en France (un jour.)
  (5) Ils ne peuvent pas venir (aujourd'hui.)
  (6) Elle veut boire de l'eau.

38 「〜するところ」「〜するつもり」 ——107ページ

(1) va acheter (2) vont téléphoner
(3) va arriver (4) vas prendre
(5) vais être
(6) n'allons pas accepter
(7) Je vais dîner avec elle.
(8) Vous allez avoir vingt ans (ce mois-ci.)
▶注意 (5)「〜になる」は être を使う。英語でも going to be と be 動詞の原形が入る。(7)強勢形を使う。(8)年齢の表現は avoir 〜 an(s) を使う。

39 「〜したところ」「〜したばかり」 ——109ページ

(1) viens de parler (2) vient de partir
(3) vient de finir (4) venez de finir
(5) venons d'avoir
(6) Je viens d'arriver à Paris.
(7) Les enfants viennent de commencer à jouer.

40 「〜よりも…」 ——111ページ

(1) plus grand qu'
(2) moins facile que (3) plus vite que
(4) aussi charmante que
(5) moins cher que
(6) Le mont Blanc est plus haut que le mont Fuji.
(7) Miki court moins vite que vous.

41 「〜の中で最も…」 ——113ページ

(1) le plus haut (2) le moins vite
(3) les plus célèbres (4) la moins grande
(5) Ce musée est le plus important (de la ville.)
(6) Maire est la plus jeune de sa famille.

復習テスト 近い未来，近い過去，比較の文 114ページ

1 (1) va (2) viennent (3) passer
(4) d'avoir

2 (1) aussi âgée que
(2) moins grande que
(3) le plus lentement de
(4) plus longue que
(5) le plus important de

▶注意 (3) lentement は副詞なので主語と性・数一致は関係ない。(4)不規則な変化をする形容詞は p.41 で確認しよう。

3 (1) Il vient de sortir?
(2) Elles vont aller à Paris en décembre.
(3) Tu habites plus loin que Kenta.
(4) Miki est la plus intelligente de l'école.
(5) Ils sont moins fatigués qu'elles.
(6) Je ne viens pas d'arriver à la gare.

42 avoir でつくる複合過去
117ページ

(1) a téléphoné (2) ont choisi
(3) J'ai fait (4) avons parlé
(5) J'ai eu (6) a été
(7) Vous avez visité Kyoto (la semaine dernière.)
(8) Il a fait beau (hier.)

43 être でつくる複合過去
119ページ

(1) est parti (2) sommes entrés
(3) êtes arrivée (4) est né
(5) est morte
(6) Je suis allé dans un grand magasin (cet après-midi.)
(7) Elles sont venues à l'aéroport (ce matin.)

▶注意 (2) être を使う複合過去で主語が nous と複数なので過去分詞も entrés と s がつく。(3) être を使う複合過去で主語が女性なので，過去分詞は arrivée と e がつく。過去のことについて「～前」と言う場合，il y a ～ を使う。(5) être を使う複合過去で主語が女性なので過去分詞は morte と e がつく。

44 複合過去の否定文・疑問文
121ページ

(1) Je n'ai pas vu (le feu d'artifice hier.)
(2) Tu as oublié (ton portable?)
(3) Le train n'est pas parti (à l'heure.)
(4) Tu es allée (chez le coiffeur?)
(5) Vous avez parlé avec Nicolas?
(6) Vous êtes né en avril?
(7) Elle a fini son repas?

復習テスト 複合過去
122ページ

1 (1) est allé (2) a fini (3) ont vu
(4) sont arrivées

2 (1) a dîné (2) est sortie
(3) sommes partis (4) J'ai eu

▶注意 (2)(3)過去分詞は主語と性・数一致する。

3 (1) Je suis née à Chiba.
(2) Elles ont joué au tennis (ce matin.)
(3) Je n'ai pas été occupé hier.
(4) Votre grand-père est mort (en 2000?)
(5) Il n'a pas fait froid (dimanche.)
(6) Tu as téléphoné à ta mère?

▶注意 (6)「～に電話をかける」は téléphoner à ～．

編集協力	北御門亜季	
	満田春日	

イラスト	坂木浩子	

校閲	塚越敦子（慶應義塾大学講師，目白大学講師）	
	大磯仁志（立教大学講師，東海大学講師）	
	関未玲（立教大学教育講師）	
	沢辺有司	
	（株）エディポック	
仏文校閲	（株）ビードットアイジャパン Olivier Carayon	

デザイン	山口秀昭（StudioFlavor）	
CD 録音	（財）英語教育協議会（ELEC）	
ナレーション	Emmanuelle Bodin, Jean-Claude Veyssière, 水月優希	
DTP	（株）明昌堂	

この本は下記のように環境に配慮して製作しました。
・製版フィルムを使用しないCTP方式で印刷しました。
・環境に配慮した紙を使用しています。

CD 袋：PP
CD 盤：PC

フランス語をひとつひとつわかりやすく。

編　者	学研教育出版	この本に関する各種お問い合わせ先
発行人	土屋徹	・編集内容については
編集人	柴田雅之	電話 03-6431-1551（編集部直通）
編集長	堀江朋子	・在庫，不良品（乱丁・落丁）については
		電話 03-6431-1199（販売部直通）
発行所	株式会社 学研教育出版	・文書の場合
	東京都品川区西五反田 2-11-8	〒141-8418　東京都品川区西五反田 2-11-8
発売元	株式会社 学研マーケティング	学研お客様センター「フランス語をひとつひとつわかりやすく。」係
	東京都品川区西五反田 2-11-8	・この本以外の学研商品に関するお問い合わせは
印刷所	株式会社 リーブルテック	電話 03-6431-1002（学研お客様センター）

©Gakken Education Publishing 2012　Printed in Japan　本書の無断転載，複製，複写（コピー），翻訳を禁じます。
本書を代行業者等の第三者に依頼してスキャンやデジタル化することは，たとえ個人や家庭内の利用であっても，
著作権法上，認められておりません。

① データ管理コード　12-1557-1170（CS3）